高等教育教学研究丛书

新文科背景下大学英语教学改革研究

苏博雅　郝焕宇　刘晓燕　著

·郑州·

图书在版编目(CIP)数据

新文科背景下大学英语教学改革研究／苏博雅，郝焕宇，刘晓燕著. -- 郑州：河南大学出版社，2024.6.
ISBN 978-7-5649-5958-6

Ⅰ．H319.1

中国国家版本馆 CIP 数据核字第 2024KV7254 号

责任编辑	林方丽　韩　璐
责任校对	孙增科
封面设计	张田田

出版发行	河南大学出版社		
	地址：郑州市郑东新区商务外环中华大厦2401号　邮编：450046		
	电话：0371-86059715（高等教育与职业教育分公司）		
	0371-86059701（营销部）		
	网址：hupress.henu.edu.cn		
印　刷	广东虎彩云印刷有限公司		
版　次	2024年6月第1版	印　次	2024年6月第1次印刷
开　本	710 mm×1010 mm　1/16	印　张	8.5
字　数	134千字	定　价	45.00元

本书如有印装质量问题，请与本社联系调换。

前　言

随着全球化的深入发展，英语作为国际通用语言，在各个领域中的重要性日益凸显。目前，传统的大学英语教学已无法满足当今社会的需求，因此，探讨新文科背景下的大学英语教学改革，对于提高大学生的英语应用能力和跨文化交际能力具有重要的意义。在新文科背景下，大学英语教学改革不仅需要关注语言知识的学习，更需要注重培养学生的跨文化交际能力和批判性思维能力。这需要教师在教学过程中采用多元化的教学手段和教学方法，以激发学生的学习兴趣和主动性。同时，大学英语教学改革还需要加强与各学科的交叉融合，以培养具有国际视野和跨文化沟通能力的复合型人才。

本书从新文科背景下的大学英语教学入手，梳理总结了新文科背景下的大学英语教学模式，分析了新文科背景下大学英语教学改革的策略，最后探索了新文科背景下大学英语教学改革实践。希望本书的介绍，能够为读者在新文科背景下进行大学英语教学改革研究提供帮助。

本书主要汇集了笔者在工作、实践中取得的一些研究成果。在撰写过程中，笔者参阅了相关文献资料，在此，谨向其作者深表感谢。

由于笔者水平有限，加之时间仓促，书中难免存在一些不足之处，敬请广大读者批评指正。

苏博雅　郝焕宇　刘晓燕
2024 年 5 月

目　录

第一章　新文科背景下的大学英语教学 ... 1
第一节　新文科理念概述 ... 1
第二节　新文科背景下大学英语教学的理念 ... 10
第三节　新文科背景下大学英语学科建设 ... 21

第二章　新文科背景下的大学英语教学模式 ... 30
第一节　立体化教学模式 ... 30
第二节　跨学科教学模式 ... 41
第三节　信息化教学模式 ... 52

第三章　新文科背景下大学英语教学改革策略 ... 65
第一节　大学英语教学改革的目标 ... 65
第二节　大学英语教学改革的原则 ... 75
第三节　大学英语教学改革的具体措施 ... 86

第四章　新文科背景下大学英语教学改革目标与实践 ... 94
第一节　大学英语词汇和语法教学改革目标与实践 ... 94
第二节　大学英语听力和口语教学改革目标与实践 ... 105
第三节　大学英语阅读和写作教学改革目标与实践 ... 115

参考文献 ... 129

第一章　新文科背景下的大学英语教学

第一节　新文科理念概述

一、新文科理念的内涵与外延

(一)新文科理念的内涵

新文科理念是指对传统文科理念进行了拓展和深化的一种理念。它在传承传统的基础上,注重融合多学科内容,强调跨学科思维和实践能力的培养。新文科理念的内涵主要体现在以下四个方面。

1. 强调多学科融合

传统的文科学科划分相对固化,每个学科形成了一套独立的研究范畴和方法论。新文科理念则倡导不同学科间的融合与交叉,认为文科学科并非完全孤立,而是相互联系和影响的。例如,历史、哲学、社会学等学科可以相互借鉴和影响,从而提供更全面、多角度的研究视角。

2. 注重跨学科思维

在传统文科中,学科边界明确,学科思维相对独立。新文科理念则强调学科之间的综合和整合。它鼓励学生在文科学习中拥抱跨学科知识,凭借多学科的综合能力来解决问题。对于学生来说,这意味着他们需要跳出传统学科的框架,学会运用不同学科的知识和方法,从而获得更全面、更深入的认识。

3.注重实践能力的培养

与传统文科理念注重理论研究和文本分析不同,新文科理念强调将所学知识应用于实践中。通过接触和解决实际问题,学生能够更好地理解学科知识的意义和价值。在新文科理念下,学生需要具备实践能力,能够灵活运用所学知识解决实际问题,培养实践创新精神和应对现实挑战的能力。

4.强调人文关怀和社会责任

在传统文科中,人文关怀往往被认为是重点。在新文科理念中,人文关怀与社会责任相结合,不仅关注个人的发展,还注重社会问题和公众利益。新文科理念鼓励学生在学习和研究中思考社会问题,为社会发展提供智力支持和建议,使其努力成为有社会责任感的文科人才。

(二)新文科理念的外延

新文科理念的外延是指新文科所涵盖的学科范围和内容的扩展。相比于传统文科,新文科在学科范围和内容上有所拓展和补充。

新文科理念的外延在学科范围上体现为对传统文科以外学科的纳入。传统文科主要包括语言学、哲学、历史学、文学等学科。而新文科在传统文科的基础上,加入了更多的学科,如传媒学、心理学、社会学等。这种学科的拓展不仅满足了社会对多元化知识的需求,同时也能够促进不同学科之间的交叉融合,提高学科研究的广度和深度。

新文科理念的外延在学科内容上表现为对新兴领域和前沿问题的关注。传统文科研究主要集中在人文历史、文学艺术等方面,而新文科将目光投向了当代社会问题、科技发展、环境变化等具有重要现实意义的领域。新文科关注的问题不再局限于单一学科范畴,而是与社会发展紧密相关的问题。这种关注使得新文科成为了解和应对社会变革的重要工具。

新文科理念的外延可以通过跨学科合作来实现。在新文科的研究中,不同学科的专家可以展开合作,共同探讨复杂问题。通过跨学科合作,不同学科之间的知识和方法得以融合,为问题的解决提供了更加全面和多角度的视野。跨学科合作的方式也有助于激发学科创新和学科交叉的潜力。

(三)新文科理念与传统文科理念的比较

新文科理念与传统文科理念在教育领域中都扮演着重要的角色,但是两者在内涵和外延上存在一些区别。新文科理念强调的是全面培养,注重学科之间的融合和交叉,以培养学生的综合素养为目标。传统文科理念注重学科的专业性和纯粹性,强调学生在某个特定学科领域的专业知识和技能。

在内涵方面,新文科理念强调全面的人才培养,要求学生具备广泛的知识和技能。相比之下,传统文科理念更着重于学科知识的传授和学术研究。新文科理念鼓励学生在跨学科的学习中积累知识,培养综合能力,而传统文科理念则偏向于对学科的深入研究和专业化知识的传递。

在外延方面,新文科理念的教育目标更加广泛,包括了人文、社会科学以及跨学科研究等领域。它强调学科之间的交叉与融合,培养学生的创新思维和综合素养。传统文科理念的外延相对较窄,更注重某个具体学科领域的知识和技能,追求学科的专业性。

新文科理念还强调了社会责任和公民意识的培养。它鼓励学生通过社会实践和志愿者活动参与社会问题的解决,培养学生的社会责任感和公民素养。在传统文科理念中,这种社会参与和关注相对较少,更强调学生在学术领域的独立思考和学科研究能力。

二、新文科理念的特点

(一)辩证的特点

辩证思维是一种宽容并具有批判精神的思考方式,它强调对事物及问题的全面的认识和分析。在新文科理念中,辩证思维得到了极大的重视和发展。

1. 体现在对事物的多面性认知上

辩证思维要求从不同的角度去看待问题,不仅是二元对立的角度,而是要能够看到事物的多种可能性和多种因果关系。通过多角度的思考和分析,可以更全面地理解和把握事物的本质和内在联系。

2. 体现在对问题的批判性思考上

辩证思维要求不仅要接受事物表面的现象和解释,还要深入思考其中的矛盾与冲突,寻找问题的根源和解决之道。这种批判性思考能够超越传统思维框架,提出新的观点和见解,从而推动学科的发展和进步。

3. 体现在对事物发展的态度上

辩证思维认为事物是处于不断发展变化的过程中的,它强调历史的演进和事物的发展规律。在新文科理念中,要善于捕捉时代的变化和社会的需求,不断更新知识和观念,以适应和引领时代的发展。

(二)科学的特点

在新文科理念中,科学性体现在对问题的深入研究和客观评估上。与传统文科相比,新文科理念强调科学方法和科学精神的应用,注重理论研究的严谨性和实证研究的可靠性。具体而言,科学的特点主要包括以下两个方面。

1. 独立性

科学性的独立性是指在新文科理念中,对研究对象进行独立思考和分析的能力。研究者应该通过自主思考和独立研究,去探索并解决各种复杂的文科问题。这要求研究者具备严密的逻辑思维和扎实的学科基础,能够准确理解问题的本质,把握理论与实践的关系,形成独特的研究观点和方法。独立性意味着研究者有能力自主选择研究的方向和内容,并能够独立完成研究任务,不受外界主流观点和传统思维的束缚。

2. 创新性

科学性的创新性是指在新文科理念中,要追求对传统理论和研究方法的革新和创新。传统文科研究往往受限于某种固定的思维模式和研究范式,缺乏科学性的创造性和前瞻性。新文科理念强调对知识的创新与拓展,以及对研究方法的革新与提升。研究者应该积极探索新的研究领域和研究思路,突破传统的学科边界,跨学科进行研究,借鉴其他学科的理论、方法和成果,以求更加全面、准确和深入地探究文科问题。创新性体现在对理论的新见解和新观点的提出,以及对实践的新启示和新决策的提供上。

(三)人文的特点

人文的特点是新文科理念的重要组成部分。它强调对人类的关注、关爱和尊重,在高等教育中体现出独特的价值。

1. 体现在研究方法上

新文科理念强调综合性、跨学科和多角度的研究方法,人文的特点则体现在对人的心理、行为、理念和社会文化的深度研究上。人文科学不仅关注人类的现象和行为表层,还注重探讨背后的意义、动机和文化背景。通过对人的人性、文化认同等方面的研究,人文科学能够提供更加全面、深入的分析和解答。

2. 体现在学科内容上

新文科理念强调开放性、综合性和创新性,人文的特点则在不断拓展和扩大学科范围的基础上,注重对人的文化、价值观和心灵的研究。人文科学涵盖了语言学、文学、哲学、艺术等多个领域,旨在揭示人类的智慧、创造力和情感体验。通过对人文科学的学习和研究,能够培养学生的人文素养和人文精神,提升其人际交往能力和社会适应能力。

3. 体现在教育方式上

新文科理念强调学生的主动性、参与性和探究性,人文的特点则在强调人的主体地位的基础上,注重培养学生的自我意识、情感和创造力。人文科学关注个体和社会的和谐发展,注重教育的全面性和人的全面发展。在高等教育中,人文科学的特点能够促进教师关注学生的身心健康、情感需求和全面发展,激发学生的学习潜能和创造力。

三、新文科理念对高等教育的影响

(一)新文科理念对教育理念的影响

新文科理念作为一种新型的教育理念,对高校教育理念的影响是全方位和深远的。

第一,新文科理念强调人文关怀和社会责任,倡导培养具备人文素养和社会责任感的人才。这意味着高校在教育理念上需要更加注重人文关怀,关注学生的心理健康、品德修养等方面,并激励他们积极参与社会公益活动,为社会做出贡献。

第二,新文科理念强调多元学科的融合和交叉,鼓励学术互补和知识跨界。在教育理念的指导下,高校应该积极推动不同学科间的合作与交流,打破学科壁垒,促进知识的融合和创新。这不仅有助于培养具备综合素养和跨学科能力的人才,还有助于推动学术研究的发展和社会进步。

第三,新文科理念强调教育的本土化和当地实践,认为教育应该紧密结合当地的文化背景和社会需求。这意味着高校在教育理念方面需要更加关注本土文化的传承与发展,同时将教育内容和方法与当地实践相结合,培养符合当地就业市场需求的高素质人才。

第四,新文科理念强调学生的创新能力和实践能力的培养。高校在教育理念上需要更加注重培养学生的创新思维和实践能力,通过开展创新项目、参与社会实践等方式,激发学生的创造力和实践能力。这有助于培养适应社会发展需求的高素质人才,为社会做出贡献。

(二)新文科理念对教育内容的影响

传统的文科教育内容主要围绕着文学、历史、哲学等人文领域展开,新文科理念则对教育内容进行了拓展和调整。

新文科理念强调跨学科的整合,不再将学科划分得过于细分,而是倡导学科交叉与融合。这意味着教育内容不再是简单地传授某一个学科的知识,而是将不同学科的知识进行有机结合,帮助学生形成综合性的思维方式和能力。

新文科理念注重培养学生的实践能力和创新精神。在教育内容方面,新文科教育更加注重实践性的学习活动,如实验、实地考察、社会实践等,鼓励学生自主探索和实践,培养其动手能力和解决问题的能力。新文科理念也强调培养学生的创新精神,教育内容中融入了更多创新思维训练,旨在培养学生的独立思考和创造性思维。

新文科理念强调社会实用性和职业导向。教育内容需要与社会需求相结合,关注学生的就业和发展。新文科教育将职业技能的培养纳入教育内容中,为学生提供更具职业竞争力的素养和能力。教育内容中也融入了更多与社会实践相关的内容,使学生能够更好地适应社会需要。

(三)新文科理念对教育方法的影响

在新文科理念的指导下,高等教育中的教育方法发生了深刻的变革和创新。新文科理念倡导的是一种以学生为中心的教学模式,追求学生的全面发展和自主学习能力的培养。因此,教育方法的改变成为必然。下面从四个方面来探讨新文科理念对高等教育中的教育方法所产生的影响。

1. 强调实践性教学的重要性

传统的文科教育更加注重理论知识的传授和学生的书本知识积累,培养学生的实践能力相对较少。然而,新文科理念强调知行合一的教学理念,鼓励学生从实践中探索和发现,培养其实践动手能力。在教育方法上,高等教育应该加强实践教学,如组织实习、社会实践、实地考察等,让学生能够更好地运用所学知识解决实际问题。

2. 提倡弹性学习和个性化教育

在传统的文科教育中,教师通常采用同质化的教学方法,无法满足学生的不同特点和需求。然而,新文科理念强调每个学生的独立性和个性化特点,提倡因材施教。因此,在教育方法上,高等教育应该更加关注学生的兴趣和潜能,灵活运用不同的教学策略和方式,让学生在自己的发展轨迹上有更多的选择,并能够充分展示自己的才能。

3. 倡导协作学习和跨学科融合

在传统的文科教育中,学科之间相对独立,缺乏交叉融合和协调发展。新文科理念对高等教育提出了跨学科的要求,鼓励学生进行跨学科学习和综合能力培养。在教育方法上,高等教育应该重视团队合作,组织学生参与跨学科项目,激发学生的创造力和创新精神,培养其综合素质。

4. 强调学生自主学习和自主发展

在传统的文科教育中,教师通常扮演知识的传授者和引导者的角色,学生的学习相对被动。新文科理念要求高等教育从"以教为中心"向"以学为中心"转变。在教育方法上,高等教育应该提供更多的自主学习的机会和资源支持,鼓励学生独立思考、自主探索,并通过不断反思和总结提升自己的学习能力。

(四)新文科理念对教育评价的影响

传统的高等教育评价以知识的掌握和成绩的表现为主要标准,重视学生在各个学科领域的分数表现。然而,在新文科理念的引领下,高等教育评价更加关注学生的综合素养、创造力和学习能力。

1. 注重学生的综合素养

综合素养是指学生在知识、技能、情感、价值观等方面的综合发展。评价体系应该从多个角度来考查学生的综合素养,包括学生的综合能力、人文素养、创新思维等方面。这种评价方式能够更全面地反映学生的发展情况,有助于培养具有综合素养的人才。

2. 关注学生的创造力

传统评价体系更加注重学生的记忆和重复能力,忽视了创造力的培养。创造力是21世纪所需的重要素质之一。因此,高等教育评价应该设计富有创造性的评价方式,鼓励学生养成独立思考、解决问题的能力,评价学生的创造力和创新能力。

3. 重视学生的学习能力

学习能力包括学习方法、学习策略、自主学习等方面。高等教育评价应该从学生的学习过程入手,评价学生的学习能力和学习效果。这种评价方式能够帮助学生提高自主学习的能力,培养学生的学习兴趣和学习动力。

4. 关注学生的发展潜力

传统评价体系往往以学生当前的表现为唯一标准,忽视了学生的发展潜力。然而,每个学生都有发展的空间和潜力。高等教育评价应该从学生的发展潜力出发,为学生提供发展的机会,激发学生的潜能,帮助学生实现自己的人生目标。

第二节　新文科背景下大学英语教学的理念

一、人文素养教育理念

(一)人文素养教育理念的内涵

人文素养教育理念是指培养学生以人文关怀为核心的思维方式和终身学习的能力,使其具备文化素养和道德素养,以及对社会、自然环境的关注与尊重。人文素养教育理念强调对传统文化的传承与融合,注重培养学生的人文情怀和批判性思维能力。

1. 要求学生理解和尊重传统文化

在大学英语教学中,教师应引导学生学习英语文化,并鼓励学生通过了解英语国家的历史、文学、艺术等方面来感知英语的文化内涵。通过对文化的学习,学生可以深刻理解不同文化的内在联系和相互影响,培养跨文化的交际能力。

2. 注重培养学生的批判思维能力

在大学英语教学中,教师应引导学生对文章进行深入分析,思考其中的逻辑结构、论证方式及作者的意图和观点。通过阅读和讨论,学生可以培养批判性思维能力,提高自己的文学鉴赏能力和文化意识。

3. 要求学生具备跨学科的综合能力

在大学英语教学中,教师应引导学生通过跨学科融合的方式学习英语。例如,教师可以引导学生通过阅读英语经典文学作品,并结合社会学、哲学等学科的理论来进行综合分析和讨论,扩充学生的知识面,提高其理解力。

(二)人文素养教育理念在大学英语教学中的应用

人文素养教育理念强调培养学生的人文关怀、审美情趣和批判思维能力,使学生不仅掌握语言知识,更注重培养全面的人文素养。

1. 体现在课程设置上

传统的英语教学注重语法和单词的学习,人文素养教育理念则更加注重学生对文本的理解和反思。教师可以选择一些经典的英语文学作品或人文文化材料作为教学资源,通过对文本的阅读和探究,引导学生深入理解和思考。

2. 体现在课堂教学方法上

传统的英语教学注重教师的讲解和学生的听说读写技能,人文素养教育理念注重学生的主动参与和批判思维。教师可以采用小组讨论、案例分析、问题解决等多种教学方法,鼓励学生积极参与课堂,发展学生的批判思维和创造力。

3. 体现在评价方式上

传统的英语教学注重对学生语法和词汇掌握的评价,人文素养教育理念更注重对学生综合能力的评价。教师可以采用多种评价方式,如写作任务、口头表达、小组演讲等,评价学生的语言运用能力、文化意识及批判思维能力。

(三)人文素养教育理念对大学英语教学的影响

1. 强调培养学生感知、理解和尊重不同文化的能力

在大学英语教学中,教师可以通过引入文化背景知识、文学作品、历史事件等内容,让学生更好地理解和欣赏不同文化之间的差异与联系。这不仅有助于提高学生的语言能力,还培养了其跨文化交际能力。

2. 强调培养学生的思辨和批判能力

在大学英语教学中,教师可以引导学生对文本进行深入思考,提出自己的见解和观点,并进行批判性分析。这种教学方式激发了学生的思维能力,培养了其创新和解决问题的能力。

3. 注重培养学生的情感态度

通过引入具有情感意义的素材,如文学作品、音乐、电影等,教师可以激发学生对英语学习的兴趣和热爱。在这种积极的情境中,学生更易于投入学习,并增强对英语学习的积极性和主动性。

4. 提倡教师与学生的互动与合作

在大学英语教学中,教师可以采用小组讨论、合作项目等教学形式,鼓励学生之间的交流与合作。这种教学方式不仅培养了学生的团队合作能力,还提高了学生的自主学习能力。

二、跨学科融合理念

(一)跨学科融合理念的内涵

跨学科融合理念是指在教学过程中将不同学科的知识与思维方式相互结合、交叉应用的一种教育理念。它的核心思想是通过整合不同学科的资源和观点,推动学生的综合能力和创新思维的发展。跨学科融合理念包括以下三个方面的内涵。

1. 强调学科的互补性

跨学科融合理念认为不同学科之间存在着密切的联系和相互依赖关系。在大学英语教学中,跨学科融合理念要求将英语学习与其他学科的内容相结合,如将英语阅读与文学作品相结合、英语写作与跨文化交流相结合。通过这种方式,学生可以更好地理解和应用英语知识,同时也能够拓宽自己的学科视野。

2. 培养学生的跨学科思维能力

跨学科融合理念认为学生应该具备不同学科的思维方式和解决问题的能力。在大学英语教学中,跨学科融合理念要求学生在学习英语的同时也要学会运用其他学科的分析方法和思维方式来处理英语中的问题。例如,在英语阅读中,学生不仅要理解文章的意思,还要通过对历史、社会、文化等背景的了解来深入理解文章的内涵。

3. 倡导多角度的学习和探究

跨学科融合理念认为学生应该从不同学科的角度出发,审视问题,并提出自己的见解。在大学英语教学中,跨学科融合理念鼓励学生通过阅读、写作和讨论等方式,从英语和其他学科的角度出发,解读和分析文本,形成自己的观点。这样的学习方式可以帮助学生培养独立思考和批判性思维的能力。

(二)跨学科融合理念在大学英语教学中的应用

跨学科融合理念旨在促进不同学科之间的交流与合作,实现知识的跨界融合。在大学英语教学中,跨学科融合理念的应用具有重要的意义。

1. 丰富大学英语教学的内容

传统的英语教学往往注重对语言技能的培养,忽视了与其他学科的结合。现代社会对英语人才的需求已经从简单的语言沟通能力转向了跨领域综合能力。通过引入跨学科的元素,如文学、历史、社会学等,学生可以在学习英语的过程中,了解相关领域的文化知识和背景,提高综合素质和跨学科思维能力。

2. 培养学生的创新思维

传统的英语教学注重的往往是知识的传授和记忆,缺少对学生创新思维的培养。跨学科融合理念强调的是学科之间的互动和交流,鼓励学生运用所学知识解决实际问题。例如,在课堂上引入一些与英语相关的跨学科项目,如英语与跨文化交流、英语与环境保护等,以此激发学生的创造力,培养学生解决问题的能力和创新思维。

3. 提高学生的学习动机和学习兴趣

传统的英语教学往往以教师为中心,学生被动地接受知识,容易对学习产生厌倦、缺乏动力。引入跨学科融合理念后,学生可以参与具有挑战性和实践性的学习活动,与其他学科的同学进行交流和合作,从而激发学习动机和学习兴趣。例如,教师在课堂中组织学生进行跨学科项目的研究和演示,可以让学生感受到知识的实际运用和学习的乐趣,激发学习热情。

(三)跨学科融合理念对大学英语教学的影响

跨学科融合理念作为新文科背景下大学英语教学的重要组成部分,对于提高教学效果和培养学生的综合能力具有积极的影响。

1. 促进学科之间的相互连接和交叉融合

在大学英语教学过程中,借助其他学科的相关知识和资源,可以更好地拓宽学生的思维边界,促使他们在语言学习中获得更多的启发。例如,在教授写作技巧时,教师可以引入文学、哲学等领域的经典作品,让学生在学习语言的同时,了解相关领域的文化和思想,提高文化素养和理解能力。

2. 激发学生的兴趣和主动性

通过将不同学科的知识与大学英语课堂相结合,可以增加教学内容的多样性和趣味性。学生可以通过探索与自身兴趣相关的话题,深入了解其他领域的知识,并将其与英语学习相结合。这种跨学科融合的教学方式可以激发学生的学习动力,培养他们的自主学习能力和创新思维。

3. 促进对学生的批判性思维和解决问题能力的培养

在大学英语教学中,引入其他学科的视角和研究方法,可以帮助学生发展跨学科思维,并学会从不同角度分析和解决问题。例如,通过分析社会科学领域的案例,学生可以学会运用批判性思维从多个角度审视问题,并提出自己的观点和解决方案。这种综合性的学习方式,有助于培养学生的综合素养和创新能力。

三、学生主体理念

(一)学生主体理念的内涵

学生主体理念是指在大学英语教学中,将学生作为学习的主导者和主体,注重培养学生的学习主动性、创造力和批判性思维能力。具体来说,学生主体理念包含以下四个方面的内涵。

1. 强调学生的主动参与和积极反馈

在传统的教学模式中,教师以知识的传授为主导,学生则被动地接受知识。在学生主体理念下,学生被鼓励积极参与课堂讨论、解决问题和分享经验。他们成为自己学习路上的导航者,通过积极地参与和反馈,不断调整和改进学习策略。

2. 注重培养学生的创造性思维和解决问题的能力

传统教学往往以知识的输入为目的,学生主体理念强调培养学生的批判性思维和问题解决能力。学生被鼓励思考和提出问题,在解决问题的过程中,培养创新思维和灵活应对的能力。这不仅使学生的学习变得更加有趣和有意义,还培养了学生独立思考和自主学习的能力。

3.注重培养学生的自主学习能力

学生主体理念强调学生的主动参与和自主决策。在大学英语教学中,学生被鼓励制订学习计划、管理时间、选择学习资源,并根据自己的实际情况进行学习活动的组织和安排。通过自主学习,学生能够更好地发现和克服学习中的问题,提高学习效果和质量。

4.强调合作学习与个人发展的结合

在大学英语教学中,学生被鼓励进行小组合作、团队合作和跨学科合作。通过合作学习,学生能够相互交流,分享知识和经验,培养团队合作的能力。同时,学生也能够在合作中不断发展和培养个人的学习能力和学科素养。

(二)学生主体理念在大学英语教学中的应用

学生主体理念在大学英语教学中的应用是为了培养学生的自主学习能力和主动参与意识,使他们成为学习的主体,而不是被动接受知识的对象。在大学英语教学中,学生主体理念的应用体现在以下四个方面。

1.创设积极互动的学习环境

教师可以采取多种形式的互动方式来促进学生的主动参与,如问题探究、小组讨论、角色扮演等。通过这样的互动方式,学生可以在实践中进行思考、交流与合作,从而加深对英语知识的理解。

2.激发学生的学习兴趣和动力

教师可以安排具有挑战性和趣味性的学习任务,如语境拓展、情景模拟等,以激发学生的学习兴趣。教师还可以通过鼓励学生自主选择学习资源、进行学习计划的制订等,激发学生的内在动力,使他们更加积极主动地去学习。

3. 提供个性化的学习支持

每个学生的学习方式和节奏都不一样,因此,教师应该根据学生的个性特点,提供相应的学习支持。这可以通过个性化辅导、差异化教学等方式实现,为学生提供更好的学习体验,使学生获得更好的学习成果。

4. 鼓励学生参与实践活动

学生主体理念的应用可以通过鼓励学生参与实践活动来实现。大学英语教学不局限于课堂教学,还可以通过实践活动来拓展学习领域。教师可以组织学生参加英语角、英语演讲比赛、英语辩论赛等活动,让学生在实践中运用英语,提高他们的语言能力和综合素养。

(三)学生主体理念对大学英语教学的影响

学生主体理念是指在大学英语教学中,重视培养学生的主体性和能动性,使学生成为学习的主体,真正实现个性化、差异化的学习。学生主体理念的应用对大学英语教学产生了积极的影响。

1. 激发学生的学习兴趣和主动性

传统的英语教学常常以教师为中心,学生被动地接受知识,缺乏主动参与意识。通过学生主体理念的运用,教师将学生置于学习的中心地位,鼓励学生展示自己的观点和想法,激发学生的学习兴趣。学生因为成为学习的主体,所以在参与学习的过程中可以感受到自己的价值和能力,自然而然地产生学习的动力。

2. 促进学生的自主学习能力的培养

大学英语教学中,学生主体理念主张学生自主学习,根据自己的兴趣和需求制订学习计划,并独立完成学习任务。这样的学习方式培养了学生的学习自觉性和学习能力,使其在学习过程中能够独立思考、自主解决问题。通过自主学习,学生能够对所学知识进行更深入的理解和应用,提高语言运用能力和创新思维能力。

3.促进学生与教师之间的合作与互动

在学生主体的教学环境中,教师不再是知识的传授者,而是学习的引导者和促进者。教师通过与学生的互动,了解学生的学习需求和困惑,根据学生的差异性制定相应的教学策略。同时,学生之间也可以通过合作学习,共同学习和解决问题。这种合作与互动的学习方式,不仅能够促进学生之间的交流和合作能力的培养,还能够提高他们的思维能力和解决问题的能力。

四、自主学习与合作学习结合理念

(一)自主学习与合作学习结合理念的内涵

自主学习与合作学习结合理念是指学生既可以独立自主地进行学习,也可以通过互动交流与他人合作学习的一种教育理念。在这一理念下,学生被赋予了更多的学习主体权和选择权,他们能够根据自己的学习需求和兴趣,选择适合自己的学习方式和学习内容。

自主学习强调学生的独立思考和主动学习,在这个过程中,学生可以自主选择学习的途径和方法,设定学习目标,安排学习进度,同时也要负起自己的学习责任。通过自主学习,学生能够培养自己的学习兴趣和动力,主动积累知识,并提高学习能力。

合作学习强调学生之间的互动交流和共同合作。学生可以通过小组活动、讨论、合作项目等形式,与其他同学一起探讨问题、解决难题,从而提高彼此的学习效果。合作学习鼓励学生分享知识、共享资源,促进彼此的学习互助和合作意识的增强。

自主学习与合作学习结合理念的内涵包含两个方面的要素。一方面,学生在学习过程中拥有更多的自主性,能够独立选择适合自己的学习方式。另一方面,学生也要通过与他人的合作与互动,共同完成学习任务,体验团队合作的乐趣。

(二)自主学习与合作学习结合理念在大学英语教学中的应用

自主学习与合作学习结合理念强调以学生为中心,旨在培养学生的自主学习能力和团队合作能力。在大学英语教学中,这一理念的应用体现在以下四个方面。

1. 激发学生的学习兴趣

传统的教学方法往往是教师主导,学生被动地接受知识。自主学习与合作学习鼓励学生积极参与学习过程,掌握学习的主动权。学生可以选择自己感兴趣的话题进行学习和研究,从而增加对英语学习的兴趣和动力。

2. 提高学生的学习效果

通过自主学习,学生可以按照自己的学习风格和节奏进行学习,更好地理解和吸收知识。而通过合作学习,学生之间可以进行交流和讨论,共同解决问题,从不同的角度思考和探究。这样的学习方式可以帮助学生深入理解语言知识,提高英语应用能力。

3. 培养学生的自主学习能力和团队合作能力

在这种学习模式下,学生需要自主选择学习内容和学习方法,制订学习计划和目标。此外,学生需要学会自主管理学习时间,寻找学习资源,解决学习困难。同时,也需要通过合作学习与其他同学进行有效的沟通和合作,共同完成学习任务。这样的学习方式不仅能够锻炼学生的自主学习和团队合作能力,还能够为他们今后的学习和工作打下坚实的基础。

4. 培养学生的创新意识和解决问题的能力

学生在自主学习和合作学习的过程中,需要积极思考和探索,提出自己的观点和想法。他们可以通过讨论、研究和实践来解决问题,培养解决问题的能力和创新意识。这种培养方式适应了现代社会对创新人才的需求,使学生能够更好地适应未来的社会发展和职业发展。

(三)自主学习与合作学习结合理念对大学英语教学的影响

自主学习与合作学习结合理念在大学英语教学中的应用,对于提升学生的学习效果和综合能力具有积极的影响。

1. 使学生在学习过程中具有更高的自主性和主动性

在传统的教学模式中,教师起着主导作用,学生被动地接受知识。而在自主学习与合作学习结合的教学中,学生可以根据自己的兴趣和需求,选择适合自己的学习方式和学习内容。他们可以自主设定学习目标、制订学习计划,并在老师的引导下积极探索和学习。这不仅培养了学生的自主学习能力,还提高了他们的学习动机和学习兴趣。

2. 促进学生之间的互动和合作

在自主学习与合作学习结合的教学中,学生不再"单打独斗",而是通过组队合作的方式进行学习。他们可以相互交流,互相讨论,共同解决问题,从而提高彼此的学习效果。通过合作学习,学生可以获得新的观点和思路,拓宽自己的思维方式,并培养与他人合作的能力和团队合作精神。这对于培养学生的综合能力和社交能力具有重要意义。

3. 为学生提供充分发展自己潜力的机会

在传统的教学模式中,学生在课堂上只能按照教师的要求完成任务和作业,缺乏发挥自己创造力和独立思考的机会。而在自主学习与合作学习结合的教学中,学生可以根据自己的兴趣和能力,开展一些独立项目或实践活动,培养自己的创新能力和解决问题的能力。同时,学生还可以通过与他人合作,共同完成一些开放性的任务和项目,培养团队合作精神和实践能力。

第三节 新文科背景下大学英语学科建设

一、大学英语学科建设

(一)新文科背景及其对大学英语学科的影响

随着教育理念的转变和社会需求的变化,大学英语学科需要做出相应的调整和优化。新文科背景给大学英语学科带来了积极的影响,对于学科的发展和转型起到了推动作用。

在新文科背景下,大学英语学科的课程体系需要进行整合和优化。在传统的英语教学体系中,各个阶段的英语教学内容往往有较大的隔离性,缺乏连贯性和系统性。新文科背景强调学科之间的融合与交叉,要求学生具备跨学科的综合能力,因此,大学英语课程应与其他文科课程进行紧密的衔接和融合,形成一个有机的整体。这需要对现有的课程体系进行调整和整合,将语言技能与文化、历史、社会等方面的知识相结合,使学生能够在语言学习的过程中培养出更全面的能力。

新文科背景对大学英语学科的教学理念提出了新的要求。传统的英语教学注重语法和词汇的纯粹训练,以及对语言知识的传授。在新文科背景下,英语学科需要更多地关注学生的主观能动性和创新精神的培养。教学应以学生的需求为出发点,注重培养学生的实际语言运用能力、思维能力和综合素养,激发学生自主学习的积极性。因此,英语教学应注重启发学生的思维和创造力,鼓励学生进行自主的语言实践和积极的交流合作。

新文科背景下大学英语学科的师资队伍培养也面临新的挑战。传统的英语教师培养注重语言专业知识和教学技能的培养,但在新文科背景下,英语教师需要具备更广泛的文化素养和教育理念。教师应具备跨学科的综合素养,能够将语言教学与文化、历史、社会等方面的知识相结合,并能引领学生进行探索性学习。因此,英语师资队伍培养需要注重培养教师的教育理念、课程设计能力、跨学科教学能力等综合素质。

(二)大学英语学科建设的现状与问题

大学英语学科在新文科背景下面临着一系列的问题。当前大学英语学科教学体系存在着碎片化的现象。传统的大学英语学科教学往往将听、说、读、写等方面独立分开,导致了学生在应用英语能力方面的整合不足。因此,大学英语学科建设需要进行课程体系的整合优化,将英语学科各个方面的技能有机地结合起来,构建一个连贯完整的教学体系。

大学英语学科建设需要不断更新教学理念。随着社会的发展和信息技术的进步,学生的学习方式和需求发生了转变。传统的教师主导型教学模式已经无法满足学生的学习需求。因此,大学英语学科建设应注重培养学生的主体性,引导学生积极参与课堂教学,鼓励学生自主学习,培养学生批判性思维和创新能力。

大学英语学科建设需要重视应用型师资队伍的培养。传统的大学英语教师主要注重语言知识的传授,在新文科背景下,学生需要更多地培养实际运用英语的能力。因此,大学英语学科建设应该注重培养应用型师资队伍,使教师具备扎实的英语基础知识,并具备教学方法和创新能力,能够将英语知识与实际应用结合起来,培养学生的英语实际运用能力。

大学英语学科建设需要回归学生的主体性。在传统的教学模式中,学生往往被动地接受知识,无法主动参与和思考。在新文科背景下,大学英语教学需要回归学生的主体性,激发学生的学习兴趣和积极性。教师应该设计有趣的教学活动和案例,引导学生思考和探索,使学生在学习过程中成为主动的学习者。

二、大学英语课程体系的整合优化

(一)大学英语课程体系的现状与问题

在新文科背景下,大学英语学科建设存在着一些问题。具体而言,一方面,目前的课程体系存在结构松散、重复冗余、门类繁多等问题。历史原因和各个学院之间的独立设置,导致大学英语课程过多、重复,使学生在学习过程中容易感受到压力。另一方面,现行课程体系缺乏针对学生实际需求的个性化设置,没有考虑学生的特长、兴趣和职业规划。因此,学生在学习英语的过程中难以产生真正的兴趣和动力,对知识的掌握和应用能力也无法得到有效提升。

(二)大学英语课程体系整合的必要性

现代大学英语学科建设在新文科背景下面临着日益增长的挑战和变革。传统的学科领域划分逐渐模糊,跨学科整合成为发展趋势,英语学科也不例外。在当前形势下,课程体系整合是一项势在必行的任务。

第一,课程体系整合的必要性体现在其能够消除重复冗余,提高学科专业化和学生综合素质培养的效果。传统的大学英语课程体系存在着重复与重叠的问题,不同课程内容有着较大的重合部分,给学生带来了负担,甚至影响了学习效果。通过整合课程体系,可以确保学生在学习过程中不会遇到过多的重复内容,能够合理分配课程资源,提高学习效率。

第二,课程体系整合能够促进学科的交叉融合,培养多元化的人才。在新文科背景下,学科边界逐渐模糊,课程体系整合可以打破传统学科的限制,促进不同学科之间的交流与合作。例如,在大学英语学科中,可以将文学、文化、翻译等相关领域的课程纳入整体的课程体系,培养学生的综合素质和跨学科学习能力,使学生在面对现实问题时能够更加全面地思考和解决问题。

第三,课程体系整合能够提升英语学科的应用性和实际价值。传统的大学英语课程注重语言知识的传授,却忽视了对语言应用和实际交际能力的培养。

通过整合课程体系,可以将实践性课程、实训项目等有关应用技能和实际情境的内容融入课程体系中,以提升学生的实际应用能力。

(三)大学英语课程体系整合优化的具体措施

为了适应新文科背景下大学英语学科建设的需求,课程体系的整合优化是至关重要的。以下是课程体系整合优化的具体措施。

1. 进行课程资源的整合

目前,大学英语课程中存在着内容重复和内容冗余的问题。因此,应该将各个教学环节中的重复内容进行筛选和删除,以避免学生重复学习相同的知识点。同时,还应该加强不同课程之间的联系,让学生在学习过程中能够形成知识的整体架构。

2. 关注教学方法和教材的优化

在教学方法上,应该注重学生的主体性,采用以学生为中心的教学模式。通过启发式教学、案例教学等方式,培养学生的独立思考和问题解决能力。在教材选择上,应该从实际应用出发,选取与学生日常生活和职业发展相关的教材,以激发学生的学习兴趣和动力。

3. 引入实践环节

为了使课程体系更加贴近实际应用,教师应该引入实践环节。通过组织实践课程、实习实训等形式,让学生将所学知识应用于实际情境中,培养其实际操作能力和解决问题的能力。此外,教师还可以与相关企事业单位进行合作,开展校企合作课程,为学生提供实践机会和职业发展指导。

4. 建立评估与反馈机制

为了持续优化课程体系,应该建立评估与反馈机制。通过课程评估和学生反馈调查等方式,收集学生对课程的满意度和建议,及时调整和改进课程设置和教学方法。同时,还可以邀请行业专家参与课程审查和指导,确保课程的准确性和前瞻性。

三、教学理念的持续更新

(一)当前的教学理念及其问题

当前大学英语学科的教学理念存在着一些问题,需要深入思考和更新。首先,当前的教学理念主要注重语言知识的传授,强调对语法规则、词汇等基础知识的掌握。这种以知识传授为核心的教学理念存在着一定的局限性,容易导致学生只注重死记硬背,而忽视了语言运用的实际能力培养。其次,当前的教学理念中,教师扮演着主导角色,学生是被动接受知识的对象。这种教师中心的教学理念忽略了学生的主体性和创造性,缺乏对学生自主学习能力和解决问题能力的培养。最后,当前的教学理念也存在着与时代发展不适应的问题。互联网的迅速发展和信息技术的普及使学习方式和学习环境发生了巨大变革,而教学理念却未能跟上时代的步伐。传统的课堂教学模式已经不能满足学生个性化、自主化的学习需求。现代学生更加注重学习的实用性和应用性,对教学理念也提出了新的期望。

(二)教学理念更新的必要性及途径

教学理念更新的必要性体现在多个方面。首先,更新教学理念可以促进学生的主体性回归。传统的教学理念将教师置于绝对权威的位置,学生更多地扮演被动接受知识的角色。更新后的教学理念将学生作为课堂的主体,鼓励学生积极参与教学过程。学生通过自主学习和合作学习,获得更多的自信和成就感。其次,更新教学理念可以提升学生的综合能力。现代社会对人才的需求已经从单一的知识技能转变为对综合素质和实践能力的要求。最后,更新教学理念注重培养学生的创新思维能力、团队合作能力和实践操作能力,使学生能够更好地适应现代社会的发展需求。

教学理念的更新可以通过多种途径实现。首先,鼓励教师参加专业培训和学术交流,更新自己的教学理念。教师是教学活动的主导者,他们的理念更新将直接影响到课程的实施和学生的学习效果。其次,推动教学方法的创新与改进,引入新的教学技术和工具,使教学更加生动有趣。例如,利用多媒体技术、网络资源和实践案例等,激发学生的学习兴趣,提升教学效果。最后,鼓励学校加强教学评估和反馈机制建设,促进教师和学生在教学过程中的持续改进与反思。通过及时的反馈和评估,教师能够不断调整教学策略和方法,提升教学质量。

(三)教学理念更新的具体形式

1. 加强对学生个体差异的认知

在教学理念更新中,需要加强对学生个体差异的认知,并将其作为一项基本原则贯穿教学全过程。过去的教学理念往往忽视了学生个体之间的差异性,"一刀切"的教学方法无法满足学生的多样化需求。因此,教师应该以尊重学生的个体差异为导向,采用多元化的教学手段来满足学生的不同学习风格和兴趣爱好。

2. 注重学科的应用和实践能力培养

传统的教学理念往往注重知识的灌输和记忆,忽视了学生对知识的应用和创新能力的培养。因此,教师需要更新教学理念,将实践教学置于核心位置。通过开展实践课程、项目实践和实习等形式,让学生学以致用,培养学生实践能力和应用能力,使其具备解决实际问题的能力。

3. 注重学生主体性的发展

传统的教学理念往往将教师置于中心地位,学生被动地接受教育。在新文科背景下,教师应该推崇学生的主体性,倡导学生的自主学习和自主思考。因此,教学理念的更新需要重视学生的参与和合作,提倡学生的探究学习和问题解决能力的培养,使学生能够主动参与到学习过程中,成为学习的主体。

4. 注重跨学科与跨文化的融合

随着全球化的发展,各个学科之间的交叉融合越发明显。因此,在教学理念的更新中,教师应该鼓励学科之间的互动和合作。跨学科的教学方法可以促使学生综合运用不同学科的知识和技能,培养学生的创新能力和问题解决能力。同时,跨文化的教学可以增强学生的跨文化交流能力,使学生具备在跨文化背景下进行有效沟通和合作的能力。

四、应用型师资队伍的培养

(一)应用型师资队伍的现状与问题

在新文科背景下,培养具备应用型素质的师资队伍对于提升教育质量、适应社会需求至关重要。目前应用型师资队伍在数量和质量上仍然存在着一系列问题。

1. 数量不足

在高等教育普及的背景下,大学英语学科的师资队伍需求量不断增加,但是实际的师资供给却相对有限。这导致师生比例不合理,师资紧缺的问题依然存在。

2. 培养模式亟待改进

当前,大学英语学科师资培养主要以理论研究为主,应用型素质培养不足。缺乏实践教学和职业经验的培养环节,使培养出来的师资在实际教学中不具备应对复杂环境和灵活应用知识的能力。

3. 结构不够合理

目前,应用型师资队伍的结构主要集中在教授和副教授层次,而讲师和助教的数量有限。这使教学任务分配不均,教师的能力与职务之间存在明显的不匹配情况。应用型师资队伍需要有更加合理的层次结构,以更好地适应学科建设和教学需求。

4. 培养评估机制亟待完善

当前的师资培养评估主要侧重于学术成果的产出和研究能力,而对于教学和实践能力的评估不够重视。这使应用型师资队伍的培养过程缺乏有效的监督和引导,无法真正发挥出其应用型素质的潜力。

(二)应用型师资队伍培养的策略

应用型师资队伍的培养对于新文科背景下大学英语学科建设具有重要意义。以下是培养应用型的师资队伍的策略。

1. 对师资培养进行全面优化

传统的英语教师培养模式偏重语言知识和语言教学方法的传授,缺乏对教师的实践能力和教学创新能力的培养。因此,在培养师资的过程中,应该注重在实践环节上的培养,引导师生参与到实际的英语教学实践中,丰富其实践经验,增强他们的应用能力。

2. 加强师资的专业化培养

在新文科背景下,大学英语学科已经不只是语言学习的范畴,而是涉及跨学科的领域,如跨文化交际、语言教育技术等。因此,需要培养出能够应对多元化需求的英语教师,强化其学科专业知识和教学能力。为此,可以开设相关的专业课程,开展学术研究,提供专业化的培训平台,构建起完善的师资培养体系。

3. 注重师资队伍的更新和引进

大学英语学科的快速发展需要更多能够适应新文科要求的教师。可以通过引进高水平的外籍教师、组织国际交流项目等方式,丰富师资队伍结构,引入新鲜的理念和教学方法,不断更新师资队伍的力量。

4. 鼓励师资队伍与学生互动

在教学过程中,教师应该注重培养学生的主动学习能力和团队合作能力,鼓励学生参与讨论、提问和实践,激发其学习兴趣和动力。同时,教师还应该成为学生的学习导师,为学生提供个性化的学习支持和指导,帮助学生真正成为学科的主体。

五、学生主体性的回归

在新文科背景下,大学英语学科建设不只需要关注应用型师资队伍的培养,更需重视学生主体性的培养与发展。学生主体性是指学生在学习过程中的自主性、独立性和创造性,是培养学生终身学习能力和创新能力的重要目标。

要重视学生主体性的培养,需要从教学理念和方法上做出调整。传统的教学模式侧重于教师的授课,忽略了学生自主学习的需求。为了培养学生的主体性,教师应该成为学生学习的引导者和指导者,激发学生的学习兴趣,鼓励学生主动思考和探索。例如,教师可以借助案例分析、小组讨论、实践活动等教学方法,让学生参与课堂活动,培养其自主学习能力和解决问题的能力。

学校和学科部门需要提供一系列支持和资源,以促进学生主体性的发展。学生主体性的培养不仅要求学生具有自觉性和积极性,而且需要学校提供相应的支持和机会。例如,学校可以设立课外学术研究项目或举办竞赛,鼓励学生进行独立研究和创新实践,同时为学生提供科研指导。学校还可以建立学生社团或俱乐部,为学生提供交流、合作和展示的平台,培养学生的领导能力和团队合作能力。

学生主体性的培养需要学校、教师和学生的共同努力。学校和教师要为学生提供有利于主体性发展的环境和机制。同时,学生也要主动参与、积极探索。学生需要具备自主学习的能力,如时间管理、学习计划制订和问题解决能力等。同时,学生还需培养批判思维和创新能力,形成自己的学习风格和独立见解。

第二章　新文科背景下的大学英语教学模式

第一节　立体化教学模式

一、大学英语立体化教学模式的理论依据

(一)新文科理论

在新文科背景下,大学英语教学正在面临转型和变革。对新文科理论的解读成为理解大学英语立体化教学模式的重要依据。新文科理论提倡注重学生的能力培养和综合素质的提高,秉持着以学生为中心的教学理念,鼓励学生主动学习。

1. 倡导培养学生的综合能力

新文科理论倡导培养学生的综合能力,注重培养人的创新精神和实践能力。大学英语教学应该将这一理念贯穿于整个教学过程中。通过创设多样化的学习任务和活动,鼓励学生主动参与、实践和创新。例如,教师可以通过辩论、演讲、团队合作等形式,促使学生掌握英语语言知识,并培养学生的表达能力、批判思维和团队合作能力。

2. 强调整合多元资源

新文科理论强调整合多元资源,为学生提供更广阔的学习机会。在大学英语教学中,可以通过多种途径和资源进行教学,如线上学习平台、实践机会、社交媒体等。这样的多元化资源整合可以帮助学生更全面地学习英语,拓宽其学习

视野并提高他们的学习兴趣。

3. 要求课程讲授具有多样性

大学英语教学可以采用不同的教学方法和教学技术,如任务型教学、合作学习、案例分析等。这样的多样化教学可以帮助学生更好地掌握英语知识,提高其学习效果。

4. 强调学习支持的立体化

新文科理论强调学习支持的立体化。大学英语教学应该提供多样化的学习支持措施。例如,可以设立学习辅导中心,为学生提供学习策略指导和语言辅导;可以组织英语角或英语俱乐部,提供学生练习口语的机会;还可以鼓励学生参与学术交流和比赛,提高其学术素养。

(二)立体化教学模式的内涵

立体化教学模式在新文科背景下具有重要的意义,其内涵主要体现在以下四个方面。

1. 注重学生学习主动化

传统的教学模式往往是以教师为中心,教师扮演着主导的角色,学生是被动地接受知识的对象。在立体化教学模式中,学生被赋予更多的主动性。学生成为课堂的主体,积极参与各种教学活动,如讨论、研讨、小组合作等。通过这种方式,学生能够更好地发挥自身的能动性,积极探索和构建知识体系。

2. 强调资源整合多元化

在传统的教学模式中,教师往往固守于纸质教材和课堂讲解。在新文科背景下,信息技术的发展使得教学资源变得丰富多样。立体化教学模式倡导教师在教学过程中灵活运用各种资源,如数字化教材、网络资源、多媒体资料等,以丰富教学内容,提高学生的学习效果。学生也被鼓励利用资源丰富自己的学习经验,培养信息获取、处理和评估的能力。

3. 倡导课程讲授多样化

在传统的教学模式中,教师通常采用单一的讲授方式,如讲课、讲解。在立体化教学模式中,教师运用多种多样的教学方法和手段,如问题解决、案例阐释、项目学习等,来激发学生的兴趣,提高课程的吸引力和实效性。这种多样化的课堂讲授方式能够满足不同学习风格和需求的学生,使得教学更加灵活和个性化。

4. 追求学习支持立体化

学生在学习过程中会面临各种困难和挑战。在传统的教学模式中,教师的角色仅仅停留在知识传授上,缺乏对学生全面的关注和支持。立体化教学模式强调提供全方位的学习支持,包括学业辅导、心理指导、学习资源的分享等。这种学习支持的立体化有助于学生克服困难,提高学习能力和学习成效。

(三)立体化教学模式与大学英语教学的契合度

大学英语教学的目标是培养学生的语言综合能力,包括听、说、读、写及翻译等方面的能力。立体化教学模式正是以培养学生的能力为核心,并通过多种教学手段和方法来达到这一目标。通过多样化的教学内容和方法,学生可以更全面地接触到不同类型的英语素材,提高其语言应用能力和综合素养。

立体化教学模式强调学生的学习主动性。大学英语教学需要学生积极参与,主动思考和实践,传统的教学模式常常以教师为主导,学生被动地接受。立体化教学模式更加注重激发学生的学习兴趣和动力,让学生成为学习的主体。通过创设合适的学习环境和教学活动,培养学生的自主学习能力和解决问题的能力,提高他们的学习效果。

立体化教学模式注重资源的整合和多元化。在大学英语教学中,资源的利用和整合是非常重要的。传统的教学模式可能只以教材和讲义为主要资源,立体化教学模式可以通过整合多种资源,包括多媒体教学、网络资源、实践活动等,丰富教学内容,提供更多样的学习途径,使学生在不同的场景和情境中学习,从而更好地应对综合性的考核任务。

立体化教学模式注重学习支持的立体化。在大学英语教学中,学习支持旨在帮助学生克服困难,提供学习帮助和指导。立体化教学模式通过多种手段和渠道提供学习支持,包括学习小组、个性化指导、反馈评价等。这样的学习支持机制可以更好地满足学生的个性化需求,提高其学习动力和学习效果。

二、学生学习主动化

(一)学生学习主动化的理念

学生学习主动化强调学生在学习过程中主动参与、掌控和管理自己的学习。这一理念的核心是将学生置于学习的中心地位,激发他们的主动性、自主性和创造性。

1. 对学生丰富多样的学习需求的关注

每一个学生都有自己的学习方式、学习节奏和学习目标。传统的教学模式往往忽视了个体差异,而注重统一的知识传授和评估。学生学习主动化的理念尊重学生的个性差异,鼓励学生根据自己的需求和兴趣选择学习内容和学习方式,从而提高学习的积极性和效果。

2. 学生的学习能力的培养

在传统教学模式下,学生往往是被动的接受者,缺乏对知识的独立思考和探索的机会。学生学习主动化的理念鼓励学生积极参与到学习过程中,培养学生的自主学习能力和问题解决能力。学生不再是被动地接受教师的指导和讲解,而是主动地构建知识,积极地思考和探索,从中获得更深入的理解和更广泛的知识。

3. 提倡学生在学习中的参与和合作

在传统的教学模式下,学生往往被视为个体,注重竞争和个人成绩。学生学习主动化的理念强调学生之间的交流和合作。通过组织小组讨论、项目合作等形式,学生可以共同探讨问题、交流思想、共享资源,提高学习的效果和质量。这种协作学习的方式不仅能够促进学生之间的相互学习和成长,还能够培养学生的团队合作和沟通能力。

(二)学生学习主动化的策略

在新文科背景下的大学英语教学中,学生学习主动化是一个非常重要的理念。为了实现学生学习主动化,需要采取一系列的策略。

教师应该为学生提供一个积极的学习环境。这意味着教师需要关注学生的兴趣、需求和能力,根据学生的特点量身定制教学内容和教学方法。例如,教师可以通过举例子、提供实际应用场景等方式,引导学生主动参与课堂讨论和解决问题。

学生学习主动化需要借助现代技术手段。教师可以利用多媒体、互联网等技术资源,为学生提供丰富多样的学习资源。通过使用网络教学平台、在线课程等,学生可以随时随地获取学习材料,并进行自主学习。利用电子交流工具,学生可以与教师和同学进行互动交流,提升学习效果。这样,学生就能够更加主动地探索知识,积极参与学习活动。

除了提供良好的学习环境和丰富的学习资源,还需要采用多样化的教学方法来促进学生学习的主动化。例如,教师可以运用小组合作、项目式学习等教学策略,让学生通过合作解决问题,培养学生的团队合作能力和自主学习能力。此外,教师还可以引入案例教学、问题导向学习等方法,鼓励学生在学习过程中思考和探索,从而提高学生的学习主动性和自主学习能力。

(三)学生学习主动化的效果评估

1. 通过学生成绩的提升来评估学生学习主动化的效果

学生学习主动化的核心思想是让学生成为学习的主体,通过自主学习和主动探究,提高学习效果和学习成绩。因此,可以通过对学生成绩的统计和对比分析,来评估学生学习主动化的效果。

2. 通过学生的学习动机和学习兴趣来评估学生学习主动化的效果

学生学习主动化的理念是激发学生的学习热情和积极性,让学生在学习过程中感到愉悦和满足。可以通过调查问卷、访谈等方式,了解学生的学习态度和对学习主动化模式的认可程度,从而评估学生学习主动化对学生学习动机和学习兴趣的影响。

3. 通过学生的学习能力和学习策略的改善来评估学生学习主动化的效果

学生学习主动化要求学生具备独立思考和解决问题的能力,并培养学生良好的学习习惯和学习策略。可以通过对学生学习能力和学习策略的测试和观察,来评估学生学习主动化对学生学习能力和学习策略的促进作用。

4. 通过教师和学生的反馈来评估学生学习主动化的效果

教师对学生学习主动化的实施和效果有着直接的了解,可以通过观察和评价学生的学习表现,来评估学生学习主动化的效果。此外,学生自身对学习主动化的感受和反馈也是评估的重要依据,可以通过问卷调查、访谈等方式,获取学生对学习主动化的主观评价和意见反馈。

三、资源整合多元化

(一)教学资源的多元化需求

在新文科背景下,大学英语立体化教学模式要求教学资源的多元化,以满足学生个性化学习的需求,提升教学效果。

1. 丰富学生的学习体验

学生在学习过程中,可以通过多样化的资源获取知识,如图书馆的书籍、电子文献、网络资源等。这些丰富的资源能够激发学生的学习兴趣,提升其学习动力。

2. 促进学生的综合能力发展

传统的教学方法往往以课堂讲授为主,学生很难充分发挥自己的才能。而通过引入多样化的教学资源,学生可以选择更适合自己的学习途径,如参与讨论、小组合作、实践项目等。这样,学生不仅可以提升自己的学习效果,还能够培养团队合作、创新思维等综合能力。

3. 满足学生的个性化学习需求

每个学生的学习习惯、兴趣爱好都有所不同,教学资源的多元化能够提供更多选择,以适应不同学生的学习风格。例如,对于擅长听力学习的学生,可以提供音频资料进行听力训练。对于文字表达能力较强的学生,可以提供阅读材料进行写作练习。个性化的学习资源,可以有效激发学生的学习潜能,提升其学习效果。

(二)教学资源的整合策略

在新文科背景下,大学英语教学资源的多元化需求日益增长。为了满足学生的学习需求,高校需要采取有效的整合策略,使得各类教学资源能够被充分利用,提供全方位的学习支持。

高校可以通过建立一个统一的教学资源平台来整合各类资源。这个平台可以包括电子教材、在线课程、学习工具和学术资料等。将这些资源集中在一个平台上,学生可以轻松访问并利用它们,提高学习的便利性和效率。

高校可以结合其他学科的教学资源进行跨学科整合。在新文科背景下,学科之间的界限越来越模糊,不同学科之间的知识和技能也相互交叉。因此,将不同学科的教学资源进行整合,可以为学生提供更全面、多样的学习内容,帮助学生更好地应对复杂多变的现实问题。

高校可以积极与外部教育机构和行业合作,利用外部资源进行整合。例如,与企业合作开设实践教学课程,利用实际案例和项目进行实际操作和训练。通过与行业合作,教育机构可以提供最新的行业动态和实践经验,为学生提供与实际工作环境相符合的学习资源。

(三)教学资源的使用效果

教学资源的多元化能够激发学生的学习兴趣。传统的教学模式往往依赖于教师讲授,学生被动地接受知识。而在新文科背景下的立体化教学模式中,学生可以通过多种渠道获取教育资源,如图书馆、网络平台、多媒体课件等。这种多元化的教学资源能够满足学生的不同学习需求,激发他们的学习兴趣,从而提高学习效果。

教学资源的整合策略对于提升教学效果起着关键作用。针对不同的教学目标和学习内容,教师应该选择合适的教学资源,并将其有机地整合在一起。例如,在教授英语听力技巧时,可以结合录音材料、视频资源和语音识别软件,让学生在多种环境下进行听力训练,提高他们的听力水平。通过合理的资源整合,不仅可以提升学生的学习效果,还可以培养其综合能力。

(四)教学资源的反馈与调整

教学资源的反馈是通过多种方式进行的。一方面,教师可以通过课堂小测验、作业批改和课堂互动等形式,及时了解学生对教学资源的理解程度和掌握情况。另一方面,学生也可以通过课程评价、意见反馈和问题解答等渠道,向教师反馈对教学资源的看法和需求。这种双向的反馈机制可以帮助教师了解学生的学习情况,及时发现问题并进行调整。

教学资源的调整需要考虑学生的个性化需求和学习进度。一方面,教师可以根据学生的学习情况和评估结果,对教学资源进行差异化设计,以满足不同学生的学习需求。例如,对于掌握较快的学生,可以提供更深入的拓展材料和挑战性任务。对于掌握较慢的学生,可以提供额外的辅导资源和复习指导。另一方面,教师还可以根据学生的反馈和课堂表现,对教学资源进行适当的调整。例如,对于学生普遍认为难度较大的教学内容,可以进行适当简化或引入更多实例来帮助学生更好地理解和掌握。

教学资源的反馈与调整需要保持持续性和循环性。教师在调整教学资源时要密切关注学生的学习情况,并根据反馈结果及时调整教学策略和资源。同时,教师还应不断进行反思和总结,以进一步提升教学资源的有效性和适用性。

四、课程讲授多样化

(一)课程讲授多样化的策略与实践

课程讲授多样化旨在提供不同方式和途径来满足学生的学习需求。下面介绍四种常见的课程讲授多样化的策略与实践。

1. 引入项目式学习

项目式学习以现实问题为导向,将学生从传统的教科书知识学习中解放出来,使学生能够通过实践性的项目来应用所学的英语知识和技能。这种方式可以激发学生的学习兴趣和动力,提高其实际应用能力。

2. 采用探究式学习

探究式学习侧重于学生的主动参与和自主发现,通过提出问题、调查研究和团队合作等方式,激发学生的思维能力和分析能力。在英语课堂中,可以设计一些探究性的任务,让学生积极参与,探索和发现语言规律,从而提高其语言应用能力和解决问题的能力。

3.采用多媒体辅助教学

随着技术的不断发展,多媒体教学已经成为一种非常有效的教学方式。在大学英语课堂上,教师可以利用多媒体资源,如幻灯片、视频、音频等,来呈现课程内容,并通过图文并茂的方式让学生更直观地理解和记忆。

4.运用案例教学法

案例教学法以真实的案例和情境为基础,通过分析和讨论来促进学生的思考和学习。在英语课堂上,可以选取一些与学生生活和专业领域相关的案例,引导学生进行分析和讨论,让学生在实际问题中加深对知识的理解和应用。

(二)课程讲授多样化的效果评估

课程讲授多样化突破了传统的单一教学方式,注重提供多种学习渠道和资源,以激发学生的学习兴趣和主动性。

可以利用问卷调查收集学生对课程讲授多样化的感受和看法。问卷包括对不同教学形式的评价,如课堂讲授、小组讨论、实践操作等。通过分析问卷结果,能够了解学生对不同教学方式的接受程度和这些教学方式对其学习效果的评价。

还可以对学生的学业成绩进行比较分析。通过对比课程讲授多样化前后学生的成绩情况,可以初步了解这种教学模式对学生的学习成果是否产生了积极的影响。此外,还可以对学生的参与情况进行观察和记录,包括针对不同教学环节的参与度、主动性和合作性。通过观察和记录,能够评估学生在课程讲授多样化中的学习态度和行为表现。

除了问卷调查和学业成绩分析,还可采用访谈和观察的方式,以深入了解学生对课程讲授多样化的态度和体验。访谈包括对学生的个人观点、喜好和意见的探讨,而观察则注重观察学生在教学过程中的表现和反应,以获得更直观的数据和信息。

五、学习支持立体化

学习支持是通过提供有效的学习资源和支持,帮助学生充分发挥主观能动性,达到更好的学习效果。为了构建和实施学习支持的立体化模式,在新文科背景下,需要采取一系列策略和措施。

1. 建立学习支持的多元化平台

学校和教师应从多个角度提供学习资源,包括传统教材、网络课程、学术期刊、学术论坛等,以满足学生对不同学习方式的需求。学校可以设立学习咨询中心和学习社区,为学生提供学习辅导、学习交流和学习心理支持等服务,增强学生的学习动力和自信心。

2. 积极开展学习支持的导师制度

导师可以是学院教师,也可以是高年级学生或专职导师。导师制度的目的是为学生提供个性化的学习指导和辅助,帮助他们解决学习中的问题和困惑。导师可以定期与学生进行面对面的交流和指导,引导学生制订学习计划,为学生解答学习疑问。此外,导师还可以组织学生进行学术讨论和合作学习,提升学生的学习效果和学习兴趣。

3. 建设学习支持资源库

学习支持资源库可以收集整理各类学习资料,包括学习指南、学习案例、学术文献、学习工具等,通过在线平台或者实体设施向学生提供便捷的学习资源。学生可以根据自己的需求和兴趣选择合适的学习资源,进行自主学习和深度学习。同时,学校还可以通过定期推送学习资源、组织学习资源分享等方式,丰富学生的学习体验和学习内容。

4. 评估学习支持的效果

学校可以制定相应的评估体系,通过问卷调查、学习成绩评定、学习反馈等方式了解学生对学习支持措施的满意度。在评估的基础上,对学习支持模式进行改进和完善,提高学生的学习成果。

第二节 跨学科教学模式

一、跨学科教学模式概述

(一)新文科背景下的大学英语跨学科教学模式

在当今新文科背景下,大学英语教学面临着新的挑战和机遇。传统的英语教学模式已不能满足学生的需求,因此出现了大学英语跨学科教学模式。这种跨学科教学模式旨在通过结合其他学科的内容和方法,来提高学生的英语学习效果,培养学生的综合能力。

1. 注重与其他学科的融合

通过引入相关学科的知识和实践案例,将英语教学与其他学科紧密结合起来。例如,在翻译教学中引入文学、历史等学科的文本,使学生能够更好地理解和应用所学的英语知识。这种融合不仅拓宽了学生的知识面,还能够培养学生的学科综合能力。

2. 注重教学方法的创新

传统的大学英语教学主要注重语言技能的培养,跨学科教学模式注重培养学生的思维能力和创新能力。教师可以通过引导学生进行辩论、讨论和研究等活动来激发学生的思考和创意。同时,采用案例教学、小组合作学习等教学方法也是跨学科教学模式的特点之一。这些创新的教学方法可以激发学生的学习热情,提高其学习效果。

3. 重视实践教学的实施

大学英语跨学科教学模式强调将课堂所学的知识应用到实际情境中,让学生通过实践活动来巩固所学的知识和技能。例如,通过参与实践项目或社会实践活动,学生可以在实践中提升语言能力、思维能力和解决问题的能力。这种将理论与实践相结合的教学方式,不仅提高了学生的学习兴趣,还增强了其实践能力。

(二)跨学科教学模式的优势

跨学科教学模式是在新文科背景下大学英语教学中的一种创新教学方式。通过将英语课程与其他学科进行融合,跨学科教学模式具有许多优势。

1. 丰富大学英语课程的内容

传统的英语教学往往侧重语法、词汇和阅读理解等语言技能。但在新文科背景下,学生需要更多的跨学科知识来应对复杂的社会问题。跨学科教学模式通过将其他学科知识与英语学习相结合,让学生可以在英语课程中接触到更多与他们的专业相关的内容,从而提高其综合学科能力。

2. 促进学科之间的相互理解和合作

在传统的学科教育中,学生往往只接触到自己专业的知识,缺乏对其他学科的了解。跨学科教学模式鼓励学生从不同学科的角度去看待问题,并通过与其他学科的学生合作,共同解决问题。这样的合作可以促进学科之间的交流和互动,培养学生的团队合作能力和跨学科思维能力。

3. 提升学生的创新能力

跨学科的教学方法和学习方式可以激发学生的思维灵活性和创造力。通过学习其他学科的知识和方法,学生可以拓宽自己的思维模式,培养综合素质。在实践教学中,学生将面对实际问题和挑战,需要运用跨学科知识和技能来解决问题,这可以培养学生的创新意识和解决问题的能力。

4. 增强学生的综合能力

跨学科教学模式通过引入其他学科的知识和技能,扩展了学生的学习领域,提高了他们的综合能力。学生不仅需要掌握英语语言知识,还需要运用其他学科的知识来解决实际问题,培养综合素质和应用能力。

(三)跨学科教学模式的挑战

跨学科教学模式涉及不同学科之间的融合与连接,这就要求教师具备跨学科的知识和能力。在现实情况下,许多教师可能在某个领域内有专长,但对其他领域的知识了解有限。这需要教师克服自身学科的局限性,不断拓宽自己的学科视野,提升自己的跨学科思维和能力。只有这样,教师才能真正做到将不同学科有机地结合起来,为学生提供全面而丰富的学习体验。

跨学科教学模式需要教师在教学中建立有效的学科关联,将不同学科的知识进行融合。这要求教师具备系统性思维和全面的学科知识。教师应该找到不同学科之间的联系和共性,将它们有机地融合到教学中,使得学生能够拓宽视野,培养跨学科思维能力。

跨学科教学模式需要教师能够灵活运用不同的教学方法和策略。不同学科具有不同的特点和需求,教师需要根据具体情况选择合适的教学方法。这需要教师具备丰富的教学经验和灵活的思维,能够根据学生的需要进行个性化的教学设计和指导。同时,教师还需要持续关注教学方法的研究和发展,不断更新教学技能,以适应不断变化的教学环境和学生需求。

跨学科教学模式还需要教师与其他学科的教师进行密切的合作。这要求教师具有良好的沟通与合作能力。教师需要与其他学科的教师建立良好的合作关系,实现知识的共享。只有形成跨学科教师团队,才能够取得更好的跨学科教学效果。

二、跨学科教学模式的课程设置

(一)大学英语课程的设置原则

针对新文科背景下的大学英语教育需求,大学英语课程的设置应充分体现跨学科的特点和对综合素质的要求。首先,课程设置应围绕提高学生的英语综合应用能力展开,强调语言技能的培养,包括听、说、读、写和翻译等方面。其次,课程设置还应融入其他学科的内容,深化学生对英语与其他学科之间的关系的理解,促进学科之间的相互渗透和交叉融合。

充分发挥大学英语课程在培养学生跨学科能力方面的作用是课程设置的另一个重要原则。一方面,课程内容应当覆盖多个学科领域,涵盖人文、社会科学、自然科学等多个层面,以培养学生的综合素质和跨学科思维能力。另一方面,课程设置应注重引导学生主动参与跨学科项目研究和实践活动,使学生通过实际操作和实践经验掌握跨学科研究方法和技巧。

大学英语课程的设置应注重培养学生的创新能力和解决问题的能力。面对新文科背景下的挑战和机遇,课程设置应注重培养学生的创新思维和解决问题的能力。通过探究性学习和合作学习等教学方法,培养学生的自主学习能力和创造力,促进学生在跨学科领域的创新实践发展。此外,课程设置应注重培养学生的跨文化交际能力,通过丰富多样的语言和文化体验,拓展学生的国际化视野,增强其全球意识。

大学英语课程设置要注重灵活性和可持续发展。随着新文科背景下的大学英语教学需求的变化和发展,课程设置应具有灵活性,能够适应不同学生群体的需求和特点。同时,课程设置应具备可持续发展的特点,保持与学科发展趋势和教育改革的同步性,不断更新课程内容和教学方法,以适应时代变革和国际教育发展的需要。

(二)大学英语课程的设置方法

针对大学英语课程的设置方法,可以采用以下三种方式。首先,可以根据学科的层次性设置不同的课程模块。例如,将大学英语课程划分为基础模块、学科拓展模块和实践应用模块,以逐步引导学生学习和掌握不同层次的知识和技能。其次,可以将学科融入大学英语课程中。通过引入一些与学科相关的案例、研究成果或实践项目,将学生的学习与实际应用相结合,增强他们对学科的理解和兴趣。最后,也可以采用跨学科的教学方法,如问题导向的教学、项目驱动的教学等,培养学生的综合能力和创新能力。

(三)大学英语课程的跨学科内容

在新文科背景下,大学英语课程的设置需要注重跨学科内容的融入,以培养学生的综合素质和跨学科思维能力。以下是大学英语课程的跨学科内容的具体方法与实践。

大学英语课程可以引入相关领域的知识和理论,扩宽学生的学科视野。例如,在英语写作课中,可以融入修辞学的相关知识,教授学生如何运用修辞手法来增强写作的表达力和逻辑性。还可以引入心理学和社会学的理论,以帮助学生更好地理解和分析英语文本中的人物形象和社会现象。

大学英语课程可以依托其他学科的实践案例,增强学生的实践能力。例如,在阅读理解课程中,可以选择一些与学生所学专业相关的文章进行讲解。通过分析和讨论,帮助学生将英语知识应用到实际领域中。这样的跨学科实践不仅可以提高学生的专业素养,还能增强其学科融合意识。

大学英语课程可以通过举例子的方式来引导学生理解和运用英语知识。举例子可以帮助学生将抽象的英语概念与具体的实际情境联系起来,提高学习的实用性和可操作性。例如,在语法教学中,教师可以通过举一些常见的语法错误例子,使学生更好地理解语法规则并避免错误。

大学英语课程的跨学科内容还可以通过项目式教学的方式来实现。项目式教学是一种跨学科教学模式,通过让学生参与具体的课程项目,培养学生的合作能力和解决问题的能力。在大学英语课程中,可以设计一些与其他学科有关的项目,如与艺术系合作进行英语演讲比赛或与法学系合作开展辩论活动等。这样的项目式教学不仅可以促进学生对英语的深入学习,还能提高其学科融合和实践能力。

三、跨学科教学模式的教学方法

(一)传统教学方法与跨学科教学方法的对比

在新文科背景下,大学英语跨学科教学模式的探索和应用已经成为一个重要的教育改革方向。传统教学方法在知识传授和基本技能培养方面具有一定的优势,但在学科融合、跨学科能力培养等方面存在着一定的局限性。跨学科教学方法的出现为解决这一问题提供了新的思路。

传统教学方法注重学科的割裂,将知识分为各个学科的独立部分,无法将不同学科的知识进行有机结合。跨学科教学方法则通过将不同学科的知识进行整合和融合,提供了一个更加综合和全面的学习环境。学生在跨学科教学中能够了解不同学科之间的联系和相互作用,培养出更为综合和全面的跨学科思维能力。

传统教学方法注重通过教师的讲解和学生的被动接受来传授知识。这种教学方式在一定程度上限制了学生的主动参与和创造性思维的发展。跨学科教学方法则倡导学生的积极主动参与和合作学习,通过小组讨论、项目设计等方式,培养学生的团队合作精神和创新能力。

传统教学方法侧重于理论知识的传授,忽视了实践教学的重要性。跨学科教学方法则充分重视实践教学,通过实践项目、实地考察等方式,将理论知识应用于实际情境中,让学生在实践中掌握知识和技能。这样的教学方法不仅能够提高学生的学习兴趣和动力,还能够培养学生的实践能力和解决问题的能力。

(二)跨学科教学方法的实施策略

1. 制定明确的学科目标和整合措施

在跨学科教学中,需要明确学科目标和整合措施。首先,教师要明确学生需要掌握的知识、技能和能力,以确保学生在不同学科之间建立起必要的联系。其次,教师要制定相应的整合措施,如课程设计、教学策略和学习活动的整合。通过明确的学科目标和整合措施,教师可以有效地将不同学科的知识和技能有机地结合起来,提高学生的综合能力。

2. 采用探究式学习和项目驱动学习方法

在跨学科教学中,探究式学习和项目驱动学习方法是非常有效的教学策略。通过让学生主动参与学习过程,培养其问题解决能力、团队合作能力和创新思维能力。在探究式学习中,学生可以通过发现问题、提出假设、实施实验和总结结论等步骤,深入了解和探索各个学科的知识和概念。在项目驱动学习中,学生可以通过参与实际项目和任务,将不同学科的知识用于解决实际问题,提高综合能力和实践能力。

3. 提供多样化的学习资源和学习环境

跨学科教学需要提供多样化的学习资源和学习环境,以促进学生的跨学科思维和学科融合。学习资源可以包括图书、期刊、网络资源、实验室设备等。学习环境可以包括实验室、工作室等。通过提供丰富多样的学习资源和学习环境,学生可以更好地进行跨学科学习和实践,拓宽学科视野和观念。

4. 培养学生的跨学科思维和学科融合能力

要实施跨学科教学,需要培养学生的跨学科思维和学科融合能力。跨学科思维是跨越学科边界,追求深入和综合思考的思维方式。教师应该引导学生进行跨学科思维训练,培养其综合分析和综合判断能力,使学生能够在解决实际问题时运用多学科的知识和方法。学科融合能力是将不同学科的知识和技能有机地结合起来的能力。教师应该通过设计具有学科融合性质的学习任务和活动,培养学生的学科融合能力,提高其综合能力和解决复杂问题的能力。

(三)跨学科教学方法的效果评估

跨学科教学方法作为一种创新的教学方式,在新文科背景下具有重要的实践意义。在实施跨学科教学方法之后,需要对其效果进行评估,以确保其有效性和可持续发展。

评估跨学科教学方法的效果需要综合考虑多个方面的因素,可以从学生的学习成绩、学习动机、学习兴趣、课程参与度等角度进行评估。这些评估指标能够反映学生在跨学科教学中的学习情况,从而反映出教学方法的有效性。

采用定量和定性相结合的方法进行评估。定量评估可以通过统计数据和问卷调查等手段,对学生的学习成绩和态度进行量化分析。通过统计分析和数据对比,能够直观地了解到跨学科教学方法对学生成绩的影响,以及学生的态度变化。定性评估可以通过访谈、观察和案例分析等方式,深入了解学生在跨学科教学中的感受,从而更好地理解教学方法的实际效果。

在评估跨学科教学方法的过程中,需注意多样性和综合性的原则。大学英语跨学科教学模式的实施,涵盖不同学科的知识和技能,涉及不同类型的学生和课程内容。因此,评估过程应该充分考虑到不同课程的特点和学生的差异,采用灵活多样的评估方法,以便更好地反映出跨学科教学方法的效果和特点。

(四)教学方法的不断优化与创新

教学方法在大学英语跨学科教学模式中扮演着重要的角色。随着新文科的发展,教学方法的不断优化与创新成为必然趋势。

在课程内容方面,教学方法的不断优化与创新需要集中在培养学生跨学科思维能力和创新精神方面。传统的教学方法注重知识传授和题海战术,但大学英语跨学科教学模式要求学生能够在不同学科领域间进行交叉融合和应用。因此,教学方法应注重鼓励学生思辨能力的培养,通过项目学习、案例分析和问题解决等方式,促进学生综合运用不同学科知识解决实际问题能力的提高。

在教师角色方面,教学方法的不断优化与创新需要教师充当引导者和指导者的角色。教师不仅要具备扎实的学科知识,还要具备较强的跨学科能力。教师应引导学生主动参与学科融合的过程,鼓励学生自主探索和发现问题,帮助学生建立起学科间的联系和思维模式。教师还应关注教学资源的整合与创新,利用信息技术手段和多媒体教学工具提供丰富的学习资源和互动平台。

在学生参与方面,教学方法的不断优化与创新需要激发学生的学习兴趣和积极性。通过提供多样化的学习任务和实践机会,学生能够更好地理解和应用所学知识。例如,教师可以组织学生参与跨学科项目实践活动,让学生在实际情境中运用所学知识,并通过团队合作和角色扮演提升他们的学习效果和综合能力。

四、跨学科教学模式的学科融合

学科融合是在新文科背景下大学英语跨学科教学模式中的重要组成部分。为了有效地实现学科融合,需要运用一些途径和方法,以促进不同学科间的交流与合作,提升学生的综合能力。

1. 在课程设置上进行整合

通过设计跨学科的课程,将英语教学与其他学科如历史、文学、经济等相融合。在这些课程中,不仅可以学习英语语言知识和技能,还能了解相关学科的基本概念和理论。例如,在一门关于英美文学发展历程的课程中,除了学习文学作品的阅读和分析技巧,还可以了解到不同历史背景下文学的发展和变革。这样的综合课程能够促进学科之间的交叉融合,提高学生的综合素养。

2. 开展跨学科的研究项目

通过组织学生参与跨学科研究项目,能够让学生深入学习和掌握不同学科的知识,并将其应用于实际问题的解决中。例如,教师可以组织学生进行一项调查研究,研究某社会问题的成因和解决方法。在这个项目中,学生需要运用英语的科研写作能力,同时还需要了解相关的社会学、心理学或经济学理论,以综合的角度来分析问题。通过这样的实践项目,学生能够深入理解学科之间的相互关系,培养跨学科思维和解决问题的能力。

3. 开展跨学科的课外活动

教师组织学生参加跨学科的讨论、研讨会或学术竞赛等,让学生与来自不同学科的同学一起探讨问题、交流想法。这样的活动能够激发学生的学科兴趣,培养其团队合作和沟通能力。通过这样的交流与合作,学生可以从不同学科的角度思考问题,拓宽自己的视野,提升学习的深度与广度。

五、跨学科教学模式的实践教学

(一)实践教学的重要性

1. 帮助学生将理论与实践相结合

在传统的教学模式下,学生往往只能被动地接受知识,而很难将其运用于实际生活中。然而,在实践教学中,学生有机会亲自参与实际项目或实验,通过实际操作来巩固和应用所学知识。这种实践性的学习方式使学生能够更好地理解和掌握知识,并能够更好地将知识应用于实际情境中。

2. 培养学生的实际操作能力和解决问题的能力

在实践教学中,学生需要从理论中提取所需信息,分析和解决实际问题,培养创新思维和实践能力。实践教学不仅考验学生的理论掌握程度,还考查学生能否灵活运用所学知识解决实际问题。例如,在一个跨学科的英语项目中,学生需要运用英语语言知识,并结合其他学科领域的理论和实践,在实际情境中进行交流并解决问题。实践教学的方式可以培养学生解决问题的能力和创新思维,提高其综合素质。

3. 培养学生的团队合作和沟通能力

在实践教学项目中,学生通常需要组成小组共同完成任务。在小组合作中,学生需要互相交流、协商和合作,共同解决问题。这不仅能促进学生之间的合作,还能培养学生的沟通能力和团队合作精神。这样的经历会对学生未来的就业和职业发展产生积极的影响,因为团队合作和沟通能力是现代社会中重要的职业素养。

(二)实践教学的方式与方法

1. 项目实践

项目实践通过组织学生参与真实的学科项目,以解决实际问题或完成任务为目标,让学生在实践中获得知识与技能,培养跨学科思维能力。例如,在英语教学中,可以设计一个跨学科项目,要求学生分析与解决现实生活中的问题,同时运用英语进行表达与交流。通过参与项目实践,学生能够深入理解英语知识的应用场景,提升对学科融合的认知水平。

2. 合作学习

合作学习强调学生之间的互动与合作,通过小组讨论、团队合作等方式,让学生在共同完成任务的过程中相互学习与协作。在英语跨学科教学中,教师可以通过组织学生进行小组讨论,让他们在团队合作中思考与解决学科问题,同时运用英语进行沟通与交流。合作学习不仅有助于培养学生的团队合作精神,还能够促进他们学科融合思维与能力的发展。

3.案例分析

通过引入真实或虚拟案例,学生可以在探究与解决问题的过程中运用跨学科的知识与方法。在英语教学中,可以选取与学科相关的案例,让学生分析实际问题,运用英语分析与解决问题。通过案例分析,学生能够将所学知识与实际情境相结合,培养解决实际问题的能力,并促进学科融合目标的实现。

4.模拟与演练

实践教学可以采用模拟与演练的方法。通过模拟真实场景,让学生在仿真环境中进行学习与实践,培养跨学科能力。在英语跨学科教学中,教师可以设计模拟活动,让学生扮演不同的角色,运用英语进行模拟交流与互动。通过模拟与演练,学生能够体验真实情境,掌握跨学科知识与技能的应用,促进学科融合的发展。

第三节 信息化教学模式

一、信息化教学资源

(一)大学英语教学资源信息化的特征

1.信息化使大学英语教学资源得以数字化和网络化

传统的教学资源主要以纸质教材、教师讲义等形式存在。在信息化教学模式下,教学资源以电子文档、网络教材、在线视频等数字化形式呈现,能够方便地存储、传播和更新。

2. 信息化使大学英语教学资源的共享与开放成为可能

通过建立教学资源共享平台,教师和学生可以在不受地域限制的情况下,共享高质量的教学资源。这不仅能够节省教师研发教材的时间成本,也能够提供更多样化、个性化的学习资源选择。

3. 信息化教学资源的个性化定制和自主学习成为可能

在传统的教学模式下,学生的学习进度和需求难以得到满足,信息化教学资源的个性化定制能够根据学生的学习状态和兴趣爱好,为其提供有针对性的学习资料和学习路径。学生在信息化教学资源的支持下,可以自主选择学习内容、进度和方式,提高学习的积极性和效果。

4. 信息化教学资源提供了多种形式的学习支持

学生可以通过网络平台与教师进行交流和讨论,同时也能够通过在线测验和练习来巩固学习成果。这种互动性和实时性的特点,让学生能够及时获取反馈并进行自我评价,提高学习效果和学习动力。

(二)大学英语教学资源信息化的需求

在新文科背景下,大学英语教学资源的信息化已成为教学改革和发展的迫切需求。信息技术的快速发展与广泛应用为大学英语教学资源的信息化带来了契机和挑战。下面从三个方面探讨大学英语教学资源信息化的需求。

1. 教育发展的趋势和要求

随着信息化时代的到来,教育教学也在不断发展和变革,要求传统的教学模式变得更加开放、灵活和多样化。信息化教学资源的引入可以丰富和拓展教学内容,提供更加多样、丰富的学习资源,满足学生个性化和差异化的学习需求。信息化教学资源可以促进教师和学生之间的互动与合作,提升教学效果和学习成效。

2. 学生学习需求的变化

在新文科背景下,学生对于英语学习的期望和需求也发生了很大的变化。传统的教材和教学方式难以满足学生的需要,学生渴望通过信息化技术获取更多的学习资源和工具,并希望能够灵活地选择和个性化地定制学习内容。大学英语教学资源信息化的引入能够满足学生多样化的学习需求,提供丰富的学习资源和技术支持,为学生学习提供更多选择与便利。

3. 教学改革的推动

信息化技术的广泛应用正在推动教学改革的深入进行。传统的课堂教学以教师为中心的模式难以适应信息化时代的要求。大学英语教学资源的信息化能够改变传统的教学模式,引入以学生为中心的教学理念,提供更多的互动和合作机会,培养学生的创新能力和终身学习能力。教学资源信息化的引入不仅可以提高教学效果,还可以推动教学模式的创新和教育教学的深入改革。

(三)大学英语教学资源信息化的实施策略

为了实现大学英语教学资源的信息化,需要采取一系列的实施策略。以下是四种关键的策略。

1. 完善教学资源数据库

建设一个综合性、开放性的教学资源数据库是实施信息化教学的基础。这个数据库应该包含丰富多样的教学资源,如课件、教学视频、阅读材料、练习题等等。数据库的建设也需要遵循统一的标准和格式,以便教师和学生可以方便地检索和使用资源。

2. 推广教学平台的使用

教学平台是实现教学资源信息化的重要工具。教师可以在平台上上传教学资源,学生可以在平台上下载和学习这些资源。因此,为了推广教学平台的使用,学校需要加大对教师和学生的培训力度,提供详细的教学平台操作指南。

3. 鼓励教学方法的创新

信息化教学模式要求教师改变传统的教学方式,更加注重互动和实践。因此,学校需要鼓励教师创新教学方法,如利用教学平台进行在线讨论和合作学习。学校还可以建立教师教学方法分享平台,提供互相学习和交流的机会。

4. 建立有效的评价机制

信息化教学模式下,评价不仅关注学生的答题成绩,还注重学生的综合能力和学习过程。因此,学校需要建立起科学、合理的评价机制,包括不同形式的考核方式和评估标准。学校还应该提供必要的培训和指导,帮助教师更好地进行教学评价。

二、信息化教学平台

(一)大学英语教学平台的信息化特征

1. 数字化、网络化、智能化管理

大学英语教学平台借助现代技术实现了教学资源的数字化、网络化、智能化管理。通过将教材、习题、讲义等教学资源数字化存储和共享,教师和学生可以随时随地方便地获取和利用资源。同时,通过将课程、作业、考试等教学活动网络化,学生可以在线上提交作业、参与讨论,教师可以在线上布置作业并进行评分,从而实现了教学过程的高度便捷。

2. 个性化和多元化功能

现代教学平台不再是简单的信息传播工具,而是为教师和学生提供了更多定制化的教学功能。例如,教师可以根据学生的学习情况和需求,设置个性化的学习路径,提供富有针对性的学习资源,帮助学生更好地学习和提升。学生也可以根据自己的学习习惯和兴趣,在教学平台上自主选择学习内容,参与在线学习社区,进行互动和合作学习。

3. 交互性和智能化

现代教学平台通过引入互动式学习工具和智能化评价系统,鼓励学生积极参与学习过程,并提供个性化的学习辅导和反馈。例如,学生在学习平台上可以进行在线作业和测验,系统会根据学生的答题情况自动生成学习报告,并给予个性化的建议和指导。教学平台还提供了在线学习社区和讨论板块,以促进师生之间的交流和互动。

(二)大学英语教学平台信息化的需求

在新文科背景下,大学英语教学平台的信息化建设势在必行。大学英语教学平台的信息化有着重要的需求,体现在以下四个方面。

1. 资源的充分利用上

传统的教学模式存在着教学资源的有限性和其他不足之处,而信息化教学平台的建设可以实现资源的共享和开放,通过提供丰富多样的教学资源,如教学视频、教学课件、主题讨论等,满足学生个性化的学习需求。这不仅能够提升学生的学习兴趣,而且能够激发学生的主动性和创造性,有利于提高学习效果。

2. 交流与互动

在传统教学模式中,学生与教师之间的互动有限,学生之间的互动更是受限于课堂时间和地理位置。而信息化教学平台可以打破时间和空间的限制,提供多种互动交流的方式,如在线讨论、学习群组、虚拟实验等,以促进师生之间的互动,加强学生之间的交流与协作,提高学生的学习效果和合作能力。

3. 学生自主学习能力的培养

信息化教学平台可以提供资源丰富的自主学习环境,鼓励学生独立思考和自主学习。通过在线学习资源的开放和个性化的学习路径设置,学生能够根据自身的学习需求和兴趣进行选择和学习,提高自主学习能力和学习动力。

4. 教学质量的提升

传统的教学模式由于时间和空间的限制,很难对学生的学习过程进行全面的监测和评估。而信息化教学平台可以记录和评估学习过程,通过对学习数据的分析和反馈,及时发现学生的学习困难和问题,提供个性化的学习指导和教学辅助,从而提升教学质量和学生的学习效果。

(三)大学英语教学平台信息化的实施策略

在新文科背景下,大学英语教学平台的信息化实施策略是确保教学过程更加高效、便捷的核心要素之一。为了达到这一目标,需要采取一系列措施来推动和支持教学平台的信息化发展。

1. 建设一个强大的技术支持团队

团队应该由专业的技术人员组成,他们具有丰富的技术知识和经验,能够为教师和学生提供即时、有效的技术支持。这样,教师和学生在使用教学平台时遇到问题,可以及时得到解决,从而提高教学和学习效果。

2. 提升教师的信息化素养

教师应该不断学习和掌握新的教学技术和方法,了解如何将信息技术与教学相结合。他们应该能够灵活地利用教学平台来设计在线课程、制定教学活动,并能够有效地组织学生参与到在线学习和讨论中。教师的信息化素养的提升将对教学平台的信息化发展起到积极的推动作用。

3.充分利用现有的教学资源

大学英语教学平台应该能够集成和利用各种教学资源,如教材、课件、教学视频等。通过有效地整合这些资源,可以提供更加丰富多样的教学内容,满足学生不同的学习需求。同时,教师也可以通过这些教学资源来设计个性化的教学活动,提高教学的针对性和效果。

4.建立有效的评价机制

建立有效的评价机制是促进大学英语教学平台信息化的关键途径。教学平台应该能够提供全面的学习评价,包括在线作业、在线测验、学习日志等。这些评价可以帮助教师及时了解学生的学习情况,发现问题并进行针对性的指导。同时,学生也可以通过这些评价来检验学习成果,调整学习策略,提高学习效果。

三、信息化教学方法

(一)大学英语教学方法的信息化特征

1.在教学过程中更加注重多媒体技术的运用

传统的教学方法主要依靠教师口头讲解和学生笔记,而信息化教学方法则将多媒体技术引入教学过程中,通过图像、声音、视频等形式,使学生更加直观地理解和掌握英语知识。

2.重视个性化与自主学习

信息化教学方法提供了丰富的学习资源,学生可以根据自身的学习需求和兴趣进行选择和学习。同时,信息化教学方法也提供了一系列个性化的学习路径和学习模式,学生能够根据自己的学习风格和节奏进行学习,从而提高学习效果。

3. 促进学生互动与合作学习

传统的教学方法往往是以教师为中心,学生是被动地接受知识和信息。信息化教学方法通过网络平台和在线学习社区的建设,可以使学生之间进行更加广泛和深入的互动,促进学生之间的合作学习。通过讨论、合作项目等形式,学生可以共同探讨问题,交流思想,并互相促进、提高。

4. 实时反馈和个性化评价的实现

信息化教学方法提供了实时的学习反馈机制,学生可以即时了解自己的学习进度和掌握情况。同时,教师也可以根据学生的学习表现进行个性化评价,为学生提供更加精准的学习指导和反馈,提高学生的学习动力和效果。

(二)大学英语教学方法信息化的需求

1. 学生个性化学习的迫切需求

每个学生都具有不同的学习风格、学习速度和学习习惯。在传统的教学模式下,教师难以全面满足每位学生的个性化需求。通过信息化手段,教师可以针对学生的不同需求和兴趣,提供丰富多样的学习资源和教学活动,促进学生积极主动参与学习。

2. 教师教学效能提升的要求

在传统的教学模式中,教师的教学效果受到教学资源和教学手段的限制。通过信息化教学方法,教师可以充分利用各种教学资源和工具,如多媒体教材、网络平台、在线课程等,在课堂中创造更加生动和有效的教学环境,提高学生的学习兴趣和主动参与度。

3. 追求教学效果的要求

信息化手段提供了更加灵活、丰富和多样的教学方法和评价手段,能够更好地培养学生的英语综合能力。通过在线互动、虚拟实践等方式，学生可以更好地运用英语知识和技能，提高语言表达和交际能力。同时，信息化手段还能提供全面、及时的教学评价反馈，帮助教师及时发现学生的问题，采取相应的教学改进措施。

(三)大学英语教学方法信息化的实施策略

在新文科背景下，大学英语教学方法的信息化实施至关重要。为了提高教学效果和学生的学习体验，需要采取一系列有效的措施来实现大学英语教学方法的信息化。

1.建立多媒体教学资源库

学校可以建立多媒体教学资源库，其中包括各种形式的教学资源，如视频、音频、图像和互动课件等。这些资源的制作和整合可以通过与专业教师合作或借鉴相关教学平台的经验来实现。建立多媒体教学资源库，可以为不同教学内容和学习目标提供丰富多样的教学资源，以满足学生的不同需求。

2.引入在线学习平台

教师可以引入在线学习平台，为学生提供更方便、快捷的学习环境。借助在线学习平台，学生可以随时随地访问教学资源，并与教师和其他学生进行互动和合作。学生还可以利用在线学习平台进行作业提交、讨论和评价，以方便教师提供更及时、详细的反馈和指导。

3.采用个性化教学方法

教师可以采用个性化教学方法，根据学生的不同特点和学习目标，为其提供定制化的学习方案。个性化教学方法可以通过在线学习平台的学习分析和学习管理功能来支持。通过分析学生的学习行为和成绩数据，教师可以了解到学生的学习状况和问题，从而针对性地制订教学计划和教学策略，以提高学生的学习效果。

4. 运用技术手段

教师可以运用虚拟实验室、远程教学和在线测评等技术手段来支持大学英语教学方法的信息化。虚拟实验室可以帮助学生进行实践操作和实验操作的模拟,远程教学可以使学生和教师进行跨地域的互动和教学,而在线测评可以提供全面、客观的学生评价和教学评价。

四、信息化评价机制

(一)大学英语教学评价机制信息化的特征

在新文科背景下,大学英语教学评价机制的信息化特征不仅是简单的数字化和电子化,更重要的是将信息技术与教学评价相结合,实现教学评价的全面提升和精细化管理。

1. 多元化

传统教学评价主要依靠传统的考核方式,如期中考试、期末考试等。在信息化背景下,评价方式多元化,包括作业的在线提交、在线测验、学习日志的记录等。通过数字化的方式,教师可以更全面地了解到学生的学习情况,从而更好地进行教学反馈和指导。

2. 实时性和灵活性

传统的评价方式需要等到考试结束后才能得到结果,学生、教师无法及时了解到学习的情况。在信息化教学评价中,教师可以通过在线测试和学习管理系统,实时监控学生的学习情况。学生也可以及时得到反馈和评价,及时调整学习策略,提高学习效果。

3. 个性化

传统的评价方式往往只给出学生的总体成绩,无法针对学生个体的学习特点进行准确评价。在信息化教学评价中,学习管理系统和个性化学习模式的应用,可以根据学生的学习情况和需求,给出个性化的评价和建议。这有助于提高学生的学习积极性和主动性。

4. 数据化和统计化

通过信息化手段收集和管理学生的学习数据,教师可以对学生的学习情况进行数据分析和统计,从而更好地了解到学生的学习规律和困难点。教师可以根据数据分析结果进行针对性的教学设计和个别化辅导,提高教学效果。

(二)大学英语教学评价机制信息化的需求

在新文科背景下,大学英语教学评价机制的信息化成为迫切的需求。信息化评价机制的发展不仅是适应时代发展的要求,也是大学英语教学改革的必然选择。下面从三个方面探讨大学英语教学评价机制信息化的需求。

第一,随着信息技术的快速发展,教学评价的目标和方式已经发生了深刻的变化。传统的教学评价注重对学生知识掌握程度的考核,信息化教学评价注重对学生综合能力的培养。这就要求评价机制信息化能够更全面、客观地评估学生的语言表达能力、批判思维能力、合作能力等。利用信息化手段进行评价还可以实现更精确、细致的数据记录,使评价结果更为准确可信。

第二,教学评价机制信息化对于实现教与评的无缝衔接具有重要意义。信息化评价机制可以实现评价的及时反馈和个性化指导,促进学生的自主学习和自我提高。通过在线教学平台的应用,教师可以随时掌握学生的学习情况,及时发现问题并给予指导。学生也可以通过平台上的学习资源和学习工具,自主学习和检验自己的学习效果。这样,教与评的衔接可以更加紧密,促进学生的学习效果和教学质量的提高。

第三,信息化评价机制的实施有助于推进英语教学的个性化发展。每个学生的学习特点和需求都不同,传统的评价机制往往无法满足个性化教学的要求。信息化评价机制通过收集学生的学习数据和行为记录,能够更好地了解学生的学习需求和问题所在,进而提供个性化的教学解决方案。例如,通过教学平台的智能化分析工具,教师可以为学生推荐适合其学习风格和水平的学习资源和教学活动,帮助学生更加高效地提升自己的学习能力。

(三)大学英语教学评价机制信息化的实施策略

在实现大学英语教学评价机制信息化的过程中,教师需要采取一系列的策略来确保其有效性和可持续性。

1. 建立全面的评价指标体系

在信息化的背景下,评价指标的选择和设计至关重要。教师应该确保评价指标既能够全面覆盖学生的语言技能、知识掌握程度,又能够反映出他们的综合素养和能力发展。通过细致的指标体系的建立,教师可以更加客观地评估学生的学习效果和自己的教学质量。

2. 利用信息技术手段进行评价过程的数字化

通过使用各种信息技术手段,教师可以将评价过程从传统的纸笔形式转变为数字化的形式。例如,可以采用在线测试、学生作品上传、学习日志记录等方式,将学生的学习成果直接记录到电子平台上。这样,不仅可以提高评价效率,还可以减少人工评阅的偏差和误差。

3. 建立交互式的评价反馈机制

评价不应该是一个单向的过程,而应该是一个具有互动性的过程。通过引入互动式评价反馈机制,学生可以及时了解到自己的评价结果,教师也可以与学生进行进一步的沟通。借助信息化技术,可以实现即时反馈和个性化评价,从而提高学生的学习动力和教师的教学效果。

4.加强数据的存储和分析

信息化的评价机制需要大量的数据支持,包括学生的学习成绩、作业情况、参与度等。因此,需要建立有效的数据存储和分析系统,以便对数据进行整合、分析和挖掘。通过对数据的深入分析,教师可以了解学生的学习特点和问题,从而调整教学策略,改进评价方法,实现个性化和差异化的教学评价。

第三章 新文科背景下大学英语教学改革策略

第一节 大学英语教学改革的目标

一、培养创新型人才

(一)创新型人才的需求分析

随着社会经济的快速发展和科技的进步,社会对人才的需求也在不断变化和升级。传统的知识和专业技能已经无法满足日益复杂的社会需求,创新型人才的培养成为迫切需要解决的问题。

1. 具备跨学科的知识背景

在当前信息化和全球化的时代,不同学科之间的融合与交叉成为一个趋势。例如,在科技创新领域,人们需要有一定的理工科知识基础,同时也需要了解社会科学和人文学科的思维方式和研究方法。因此,大学英语教学需要充分重视学科交叉的特点,通过拓宽学生的知识面和视野,培养他们具备多学科知识和多种能力。

2. 具备创造性思维和问题解决能力

在日新月异的社会环境中,人们面临的问题越来越多样化和复杂化。培养学生的创新能力和解决问题的能力,是英语教学的一项重要任务。通过引导学生进行主动思考和实践,培养他们的分析、判断、推理和创新思维能力。例如,在英语课堂上,可以通过开展小组讨论、案例分析、实践活动等形式,激发学生的思维与创造力,促使他们学会应对并解决现实中的问题。

3. 具备国际视野和跨文化交流能力

随着全球化进程的加速,国际化的交流和合作变得越来越频繁。大学英语教学可以通过开设国际交流课程、组织交流活动以及提供国际实习机会等方式,让学生了解其他国家的教育、经济、文化等方面的信息,提升国际交流能力和全球意识。

(二)大学英语教学对创新型人才培养的重要性

英语教学可以帮助学生突破语言障碍,具备与他人交流与合作的能力。随着全球化的加速推进,各国之间的交流和合作变得越来越频繁。对于创新型人才来说,他们需要具备跨文化交流的能力,与不同背景的人合作,共同解决问题。通过英语教学,使学生掌握跨文化交际的技巧,拥有更广泛的合作机会,为创新能力的培养打下基础。

英语教学对于创新型人才具有促进其思维发展的作用。英语是一门语言,同时也是一种思维方式。通过学习英语,学生可以了解不同文化背景下的思考方式,拓宽自己的思维视野。创新型人才需要具备敏锐的洞察力和创造力,能够从不同的角度思考问题,提出创新的解决方案。通过英语学习,学生可以锻炼自己的思维能力,培养创新思维,并将其应用于实际问题的解决过程中。

英语教学还可以帮助创新型人才在学科交叉融合方面取得更好的发展。在当前的社会发展背景下,学科交叉已经成了创新的重要驱动力。英语作为一门学科,与其他学科有着广泛的交叉与共通之处。通过英语学习,学生可以获取跨学科的知识和信息,并将其应用于实际问题的解决中。

(三)创新型人才培养的大学英语教学策略

1. 培养学生的思辨和批判性思维能力

培养学生的思辨和批判性思维能力可以通过引导学生参与讨论和辩论活动

来实现。通过这些学术交流活动,学生可以加深对问题的理解程度,学会从不同角度思考,并提出自己的观点和理由。这样的活动不仅可以提升学生的英语表达能力,还可以培养他们的逻辑思维和创新思维能力。

2. 培养学生的团队合作能力

创新需要团队合作的支持,因此在英语教学中,教师可以设计各种小组合作活动,让学生一起解决问题,合作完成任务。通过这样的合作学习,学生可以培养沟通能力、团队协作能力和解决问题的能力。

3. 引入案例分析和实践活动

英语教学可以通过案例分析和实践活动来培养学生的创新能力。教师可以引入一些真实的案例,让学生分析和解决实际问题。通过这样的实践活动,学生可以将所学的知识应用到实际情境中,锻炼自己解决问题的能力和创新思维。这也可以帮助学生更好地理解和应用英语知识。

4. 鼓励学生进行自主学习和自主思考

创新意味着独立思考和自主学习,因此教师可以给学生提供一定的自主学习材料和资源,鼓励他们进行独立学习和思考。在这个过程中,教师可以成为学生的指导者和引导者,指导他们进行独立思考和学习。通过这样的自主学习,学生可以培养自主学习的习惯和能力,为将来的创新工作打下坚实基础。

5. 注重培养学生的思维能力

传统的英语教学模式往往注重语言表达的规范性,但这种模式并不符合创新型人才培养的需求。因此,在教学中,教师要引导学生进行批判性思维和创造性思维的训练,提高他们的问题解决能力和创新能力。

6. 注重各学科知识的融合

传统的英语教学往往只注重语言技能的培养,忽视了与其他学科的融合。

然而,在实际的工作和生活中,创新往往需要跨学科的知识和技能。因此,大学英语教学应该将学科知识与语言技能相结合,帮助学生理解并运用各个学科的知识,从而培养其创新能力。

二、适应社会发展需求

(一)社会发展对大学英语教学的影响

随着我国与世界各国的经济、文化、科技等领域的广泛交流与合作,英语作为国际通用语言的地位日益重要,这就要求大学英语教学要更好地适应社会的发展需求。

随着我国社会的多元化和国际化,人才的培养目标也发生了变化。传统的英语教学模式不能满足社会对英语能力的要求。除了语言能力,学生还需要具备跨学科的能力、创新思维、实践能力等。因此,英语教学需要与其他学科进行融合,提升学生的综合素养,以适应社会对人才的需求。

社会的变革导致了教育环境的变化,也对英语教学提出了新的要求。如今,信息技术的迅猛发展,提供了丰富的学习资源和新的教学手段,教师需要拥抱科技,灵活运用多媒体教学、在线学习等方式,提升教学效果。另外,社会对教学质量的要求也越来越高,高校英语教师需要与时俱进,不断提升自身的教学能力和专业素养。

(二)大学英语教学的社会适应性分析

在新文科背景下,大学英语教学需要紧密关注社会发展的需求,以确保培养出适应社会的创新型人才。下面对大学英语教学的社会适应性进行分析。

社会的快速发展和变化对大学英语教学提出了新的要求。随着全球化和信息技术的不断发展,跨文化交流成为现实。这要求学生具备良好的英语沟通能力,以满足国际交流的需求。同时,各行各业对英语人才的需求也在不断增加。

面对这样的背景,英语教学需要紧密结合社会需求,注重培养学生的实际应用能力。

社会的多元化和多样化对大学英语教学提出了挑战。如今,社会结构多样,学生的背景和需求差异明显。某些学生有国际交流的需求,而另一些可能更重视对商务英语或旅游英语的学习。因此,英语教学需要灵活地调整教学内容和方法,满足学生的个性化需求。个性化教学和选修课程的设置可以帮助学生在不同领域发展,并培养出更多样化的英语人才。

社会的科技发展对大学英语教学产生了深远影响。现代技术的广泛应用为开展英语教学提供了全新的方式和途径。例如,在线学习平台可以提供大量的教学资源,让学生随时随地进行学习。智能学习工具和语言交流软件可以提供更加便捷和有效的英语学习环境。因此,大学英语教学应该充分利用科技手段,推动教学方式的创新和优化。

大学英语教学的社会适应性还需要满足社会对语言发展的需求。随着学科交叉融合的推进,英语作为一门语言学科与其他学科的交叉融合越来越紧密。工程、医学、商务等领域,对专业英语掌握的要求也越来越高。因此,英语教学要注重培养学生的学科背景知识和专业英语能力,使学生能够在不同领域进行专业交流和应用。

(三)适应社会发展需求的大学英语教学策略

1. 注重培养学生的实际应用能力

随着信息技术的快速发展,社会对于英语应用能力的需求也在不断增加。因此,教师在教学中应该注重培养学生的听、说、读、写四项能力,并引导学生将所学的知识运用到实际生活中去。例如,可以通过与实际场景的结合,让学生进行口语对话练习,提高其语言交际能力。

2. 注重培养学生的创新思维能力

社会发展对于创新人才的需求越来越迫切,因此,大学英语教学应该强调培养学生的创新思维能力。教师可以通过引导学生进行讨论、参与项目实践等方式,激发学生的创新潜能。例如,可以设计一些开放性的课堂活动,让学生就英语学习中的问题进行自主探究和创新解决。

3. 注重各学科的融合

随着学科交叉的加深,社会对于跨学科能力的需求在不断增加。因此,大学英语教学应该与其他学科进行有机融合,培养学生的跨学科能力。教师可以通过引入相关的跨学科内容,让学生在英语教学中不仅学习语言知识,还能够掌握与其他学科相关的背景知识和技能。

4. 保障教学质量

为了适应社会的发展需求,大学英语教师需要不断提高自己的教学能力和专业水平。教师应该积极参加相关的培训,不断提升自己的教学能力,并与教学团队合作,共同探索教学改革的路径。

5. 引导学生关注社会经济的发展变化

随着全球化进程的加快,跨国交流和合作日益频繁,培养具备国际视野和跨文化交际能力的英语人才成了当务之急。因此,教师应注重教学内容的更新,引入更多与全球化紧密相关的话题和案例,以提高学生对不同文化背景、社会体系的理解与认知。

6. 大学英语教学的内容与专业发展相衔接

在新文科背景下,越来越多的专业课程将英语作为工具语言。因此,大学英语教学应当结合专业教育的特点,设计与不同专业相关的英语学习内容和任务,使学生能够在学科交叉中运用英语技能,提升专业素养和能力。

7. 培养学生的创新意识和实践能力

现代社会对人才的要求不仅是掌握英语基本技能,还强调创新精神和实践能力。大学英语教学在教授语言知识的同时,应鼓励学生运用英语进行创新性思维和实践活动,通过项目研究、交流互动等形式,激发学生的学习兴趣和创造力。

8. 注重教学方法的创新

传统的教学模式已经不能满足社会的快速变化和学生的多样化需求。大学英语教学应引入多媒体技术、合作学习等先进的教学方法,使学生能够更加主动、有效地学习英语,培养其批判性思维和自主学习能力。

三、学科交叉融合与保障教学质量

(一)学科交叉融合对英语教学的影响

1. 提供更广阔的应用场景

学科交叉融合为英语教学提供了更广阔的应用场景。随着科学技术的不断发展,许多新兴学科和研究领域的出现使得英语教学面临新的挑战。如今,医学、工程、经济等学科都需要运用英语来进行学术研究和国际交流。因此,通过学科交叉融合,教师能够拓宽英语教学的应用领域,使学生了解英语在不同学科领域的实际应用。

2. 提高英语教学的质量

传统的英语教学过于注重词汇和语法的学习,缺乏与其他学科的结合。而将英语与其他学科相结合,如将英语教学与科学研究相结合,能够提高学生学习的积极性和兴趣,使学生能够更好地理解和应用所学知识。这种跨学科的教学方式不仅能够提升英语教学的水平,还能够激发学生的创新思维和解决问题的能力。

3. 有助于培养学生的综合能力

在现代社会中，纯粹的学科知识已经不能满足学生的需求。学生需要具备跨学科的思维和能力，并能够将所学知识应用到实际问题中。通过学科交叉融合的英语学习，学生不仅能够掌握语言技巧，还能够培养批判性思维、创新意识和团队合作能力，从而更好地适应社会的发展需求。

4. 有助于培养学生的综合能力

将英语与其他学科进行有机融合，可以使学生在学习英语的同时了解和掌握其他学科的基本概念和方法。例如，在大学英语教学中引入一些与科学、技术、经济、社会等相关的话题和案例，可以帮助学生加深对这些领域的理解和认识，培养他们的综合分析和解决问题的能力。

5. 有助于拓宽学生的视野

传统的大学英语教学过于注重语言的表达和应用，忽视了对其他学科知识的了解。通过与其他学科的交叉融合，可以拓宽学生的视野，使他们能够更全面地了解和掌握知识。例如，在大学英语教学中引入一些与文化、历史、艺术等相关的内容，可以帮助学生了解和欣赏不同文化的特点和魅力，培养他们的跨文化交际能力。

6. 可以激发学生的学习兴趣和动力

传统的大学英语教学往往过于注重语法和词汇等基础知识的灌输，容易使学生对学习失去兴趣。通过引入与其他学科有关的内容，可以使语言学习更具有意义和实用性，激发学生的学习兴趣和动力。例如，在英语教学中引入一些与音乐、体育、电影等相关的活动和任务，可以使学生在语言学习中体验到乐趣和成就感，提高他们的学习积极性和主动性。

7. 有助于形成多元化的教学模式

传统的大学英语教学往往以教师为中心，重视知识的传授和应用，学生的参与感较弱。通过引入与其他学科有关的活动和项目,可以实现多元化的教学,使学生能够在合作和探究的过程中获得更多的学习机会和经验。例如,在英语教学中引入小组讨论、研究性学习、课外实践等活动,可以培养学生的合作精神和创新意识,提高他们的学习效果。

(二)教学质量保障的重要性

1. 可以提高学生的学习效果

优质的教学可以帮助学生更好地理解英语知识,激发其学习兴趣和学习动力。通过创造积极的学习环境和采用有效的教学方法,教师能够激发学生的学习热情,并帮助他们更好地掌握英语语言技能。教学质量的保障不仅仅是对教师的要求,也需要学校提供必要的资源支持,如合适的教学设施和教学材料。

2. 有利于创造学科交叉融合的环境

在新文科背景下,学科交叉融合是一个重要的发展方向。英语作为一门学科,与其他学科的交叉融合可以帮助学生更好地应用英语知识,并拓展其专业领域。而要实现学科交叉融合,就需要确保教学质量的高水平。只有通过高质量的教学,引导学生将其他学科与英语知识相结合,才能真正实现学科交叉融合的目标。

3. 有助于培养适应社会发展需求的人才

在当今社会,英语已经成为一种跨学科的通用语言。作为大学生,具备良好的英语能力是他们应对国内外发展需求的基本要求。只有高质量的英语教学,才能培养出具备创新思维和跨文化交流能力的人才,从而为社会发展做出贡献。

4. 有助于提高教师的教学水平

在新文科背景下的大学英语教学改革中,保障教学质量是至关重要的一环。

为了提升教学质量,首先需要注重提高教师的教学水平。教师是教育教学活动的主体,教师的专业能力和教学经验直接影响着教学效果的好坏。为了提高教师的教学水平,学校应该加强对教师的培训力度,定期组织教师参与专业培训活动,更新教学理念,了解最新的教学方法和技巧。同时,学校还应该鼓励教师参加学术研讨会,推动教师学术素养的提升。只有不断提升教师的教学水平,他们才能更好地适应新文科背景下的大学英语教学要求。

5. 有助于完善教学评估机制

教学质量的保障离不开科学有效的教学评估机制。在新文科背景下的大学英语教学改革中,学校应当建立完善的教学评估机制,定期对教师的教学进行评估和反馈。教学评估可以采取多种形式,如课堂观察、学生问卷调查、学习成果评估等。对教师的教学过程和教学效果进行评估,可以及时发现问题,并进行调整和改进。同时,学校应该注重对学生的反馈意见和建议的收集和利用,以便更好地满足学生的学习需求。

6. 有助于加强教学资源的建设

新文科背景下的大学英语教学改革要求教学资源的丰富和多样化,以更好地满足教学需求。学校应该建立和积累大量的英语教学资源,包括教材、教辅资料、多媒体教学设备等。同时,学校还应该注重开发和利用网络教学资源,提供在线学习平台和学习资源库,为学生提供更加便捷和丰富的学习资源。学校还可以加强与其他学科的合作,共享教学资源,促进学科交叉融合,为学生提供跨学科的学习经验。

(三)学科交叉融合与教学质量保障的策略

1. 建立起不同学科之间的沟通与协作机制

为了实现学科交叉融合,高校需要建立起不同学科之间的沟通与协作机制。定期召开学术研讨会,组建跨学科教师团队,可以促进各个学科之间的交流与合作。例如,英语教师可以与其他学科的教师合作,将相关领域的知识融入英语教学中,从而提升学生的跨学科综合素养。

2. 建立严格的课程评估与教学评价体系

教学质量保障是学科交叉融合的重要保障。高校应该建立起严格、完善的课程评估与教学评价体系,对学生的学习效果进行全面评估。要加强对教师的培训力度,提高教师的教学水平,并鼓励教师在跨学科教学中进行创新。

3. 加强学校与社会的合作

为了实现学科交叉融合与教学质量保障的双重目标,高校还应该加强与社会的合作。与社会机构、行业企业建立合作关系,为学生提供跨学科实践机会。通过参与实际项目与实践活动,学生能够将所学知识应用于实际问题的解决中,提高自己的实践能力与综合素养。

第二节　大学英语教学改革的原则

一、多元化发展原则与大学英语教学改革

(一)多元化发展原则的内涵

多元化发展原则旨在促进学生的多方面发展,培养他们的综合素质和能力。与传统的单一教学模式相比,多元化发展原则更加注重尊重和发展学生的个性,以及培养他们在不同领域中的综合能力。

1. 强调学生的多样性和个体差异

每一个学生都是独特的个体,具有不同的兴趣、天赋和潜能。因此,教师在

教学过程中应该尊重学生的个性特点,激发其主动性和创造力。通过充分了解学生的需求和兴趣,教师可以提供个性化的学习资源和适应性的教学策略,帮助学生更好地发展自己的优势和潜力。

2.强调学科之间的融合与互通

在新文科背景下,学科之间的交叉和融合成为大学英语教学改革的重要方向。跨学科的教学设计和教材编写,可以帮助学生更好地理解和应用英语知识。例如,在大学英语课堂上引入相关的文学作品、历史事件等,可以帮助学生更深入地理解英语知识的文化背景和语境。这种跨学科的教学方式有助于培养学生的综合分析和问题解决能力,同时丰富了英语教学的内涵。

3.强调教学内容的多样性和实用性

新文科背景下的大学英语教学改革追求提高学生的综合素养和应用能力,而非仅仅追求语言技能的狭义发展。因此,在教学内容的选择和组织上,应该注重与真实生活和职场需求的联系。教师可以通过引入实际案例、实地考察、角色扮演等教学方法,让学生在真实的语境中运用英语,培养他们的实际沟通能力和应对能力。

(二)多元化发展原则在大学英语教学中的应用

在大学英语教学中应用多元化发展原则,是指通过多种教学手段和方法来满足学生不同的发展需求,促进他们全面、多方位成长。在大学英语课堂教学中,教师可以多媒体技术和互动式教学方式,提供多样化的学习资源和学习机会。通过呈现丰富的视听材料、实际案例和学生参与讨论等方式,可以激发学生的学习兴趣,加深他们对课堂内容的理解和记忆。此外,教师还可以鼓励学生进行小组讨论和合作学习,以培养他们的沟通能力和团队合作意识。

教师可以针对学生的个体差异,采取灵活的教学策略和个性化的辅导方式。例如,对于英语学习能力较弱的学生,可以提供个别辅导和额外的学习资源,以帮助他们克服困难,提高学术成绩。对于英语学习能力较强的学生,则可以另外开设专门的选修课程或俱乐部活动,以满足他们在英语学习方面的个性化需求。这样的多元化教学安排,可以更好地激发学生的学习动力和主动性,从而提高他们的学习效果。

多元化发展原则要求教师在课程设置和评价方面考虑学生的兴趣、需求和未来发展方向。教师可以结合社会的最新动态和行业趋势,调整课程内容和教学目标,使之与学生所面临的现实问题和发展需求紧密结合。同时,在教学评价方面,应采用多元化的评价手段,如课后作业、小组项目、期中期末考试等,以全面、客观地评估学生的学习成果和能力。

(三)多元化发展原则对大学英语教学改革的影响

多元化发展原则的应用丰富了大学英语教学的内容和方式。传统的英语教学过于注重语言知识的传授和应试技巧的培养,忽视了培养学生其他方面的能力。通过多元化发展原则的引入,英语教学可以更加注重培养学生的创新思维、跨文化交际能力、信息获取和处理能力等。教师可以运用丰富多样的教学方法,如小组合作学习、实践活动和案例分析等,以促进学生的全面发展。

多元化发展原则的应用推动了不同学科之间的融合。在新文科背景下,大学英语教学需要与其他学科相互融合,促进学科之间的交叉和互动。通过多元化发展原则的引导,英语教师可以开展跨学科的教学活动。例如,英语教师可以与人文社会科学教师合作,共同设计英语课程中的跨文化交际案例,以提高学生的文化意识和跨文化交际能力。

多元化发展原则的应用使大学英语教学更加注重学生的需求。在传统的英语教学中,教师往往按照统一的教学进度和内容进行教学,忽视了学生个体的学习需求。通过多元化发展原则的运用,英语教学会更加注重学生的个性化需求。教师可以根据学生的学习兴趣和目标,设计差异化的教学内容和活动,以满足学生的不同需求。

多元化发展原则的应用促进了大学英语教学的创新实践。在多元化发展原则的指导下,英语教学会更加注重培养学生的实践能力。教师可以引入实际语境和真实情境,让学生参与到实践活动中,如模拟面试、实地调研等。通过这些实践活动,学生可以将所学的英语知识应用到实际生活中,提高其语言运用能力和问题解决能力。

二、跨学科融合原则与大学英语教学改革

(一)跨学科融合原则的理论基础

跨学科融合原则来源于教育学中的综合性原理。教育学认为,人类的学习和发展是综合性的过程,需要综合运用多个学科知识进行教学。大学英语教学作为一门综合性的学科,应当引入各个相关学科的理论和方法,以促进学生的全面发展。

跨学科融合原则得到了认知科学的支持。认知科学研究了人类的认知过程,发现人类的学习和理解是基于多种认知模式和思维方式的。因此,在大学英语教学中,跨学科融合原则的运用可以帮助学生更好地理解和掌握英语知识,提高学习效果。

跨学科融合原则受到了社会需求和产业发展的影响。随着社会的发展,各行各业对英语人才的需求日益增加。大学英语教学应该与其他学科进行融合,使学生具备更加全面的能力和专业知识,以适应社会的变化和需求。

跨学科融合原则的理论基础还可以从教学实践的角度进行分析。在实际的大学英语教学中,教师常常需要在教学中引入其他学科的相关内容,以帮助学生更好地理解和运用英语知识。通过跨学科融合的教学方式,学生可以在学习语言的同时,了解到其他学科的实际应用领域和意义。

(二)跨学科融合原则在大学英语教学中的运用

跨学科融合原则在大学英语教学中的运用体现了知识的综合性。大学英语

作为一门综合性课程,不仅要求学生掌握语言知识,还要求他们具备跨学科的思维和能力。通过引入其他学科的内容和方法,如管理学、社会学、心理学等,可以使学生在学习英语的过程中获得更多的知识。这种跨学科的融合不仅丰富了教学内容,还增加了学生对知识的理解和应用能力。

跨学科融合原则在大学英语教学中的运用可以增加学生学习的兴趣和动力。传统的英语教学往往以语法、词汇为重点,学生对于枯燥的教材和学习方法感到乏味。通过引入其他学科的实例和案例分析,可以将学习内容与学生的生活和遇到的实际问题联系起来,使学习变得更有趣和有意义。例如,可以引入经济学的知识,教授商务英语中的贸易和市场分析,让学生在学习英语的过程中了解商业背景和实际应用场景,从而提高学习的动力和积极性。

跨学科融合原则的运用可以培养学生的综合能力和创新思维。在大学英语教学中,通过引入其他学科的视角和方法,可以培养学生的批判性思维、问题解决能力和创新思维。例如,可以通过学习其他学科的学术论文,引导学生在写作中运用科学的论证逻辑和方法。也可以鼓励学生在英语学习的过程中运用其他学科的知识和资源,提出创新性的观点和解决方案。这种综合能力和创新思维的培养,对学生未来的学习和工作都具有重要的意义。

(三)跨学科融合原则对大学英语教学改革的推动作用

1. 促进知识的多元化发展

传统的大学英语教学往往过于侧重对语言技能的培养,忽视了学生对其他学科知识的需求。通过跨学科融合原则的运用,教师可以将其他学科的知识与英语教学相结合,引导学生在课堂上进行跨领域的探索和学习。例如,在教学中引入法学、经济学、文化学等相关学科的内容,可以培养学生的学科综合能力。

2. 推动以学生需求为导向的教学方式

学生在大学英语学习中往往有不同的兴趣和学习需求,跨学科融合原则可以根据学生的需求灵活调整教学内容和方法,提供更加个性化的学习体验。通过引入相关学科的案例和实践,教师可以激发学生的学习兴趣,提高他们的学习动机和参与度。这种需求导向的学习方式可以让学生更加积极主动地参与学习过程,提高学习效果。

3.带来了创新与实践的机会

传统的英语教学采取的往往是单一的、以课本为中心的教学模式,跨学科融合原则要求教师创新教学内容和方法,注重实践与应用。例如,可以通过引入跨学科项目和课程设计,在实际情境中运用和实践英语知识,培养学生的创新思维和解决问题的能力。这种创新实践的教学方式,不仅能够提高学生的动手能力,还能够提升他们在实际情境下运用英语的自信心。

三、需求导向原则与大学英语教学改革

(一)需求导向原则的提出与发展

需求导向原则以满足学生的需求为中心,强调培养学生的实际应用能力。这一原则的提出源于对传统大学英语教学的反思和对新时代学生需求的深刻认识。

需求导向原则的提出是对传统大学英语教学以规范语法和听说读写结构为核心的模式进行反思的结果。在过去的教学模式中,教师往往将重点放在语法知识和语言结构上,而忽视了学生的实际需求和对学生语言运用能力的培养。然而,在当今社会,学生对英语的需求已经不再局限于语言能力的提升,而是更加关注英语在实际生活和职业发展中的应用价值。因此,需求导向原则的提出是为了将教学重心从知识传授转向能力培养,注重将大学英语教学与学生的个性化需求和实际应用相结合。

需求导向原则的提出是对新时代学生需求的深刻认识的体现。随着信息技术的快速发展和全球化的加速推进,学生面临着更广阔的学习和就业机会。他

们期望通过学习英语来开阔眼界、提升国际交流能力,并希望将英语作为实现职业目标的工具。因此,需求导向原则要求教师在教学中充分考虑学生的需求,根据学生的需求设置学习目标和教学内容,以满足学生的个性化需求和发展需求。

需要强调的是,需求导向原则不是一种单纯顺应和迎合学生的做法,而是在充分理解学生需求的基础上,通过创新教学手段和方法,激发学生的学习动力和兴趣,提高学习效果。例如,教师可以通过情景模拟、项目实践、跨学科融合等方式,将英语教学与实际场景相结合,提供丰富多样的学习资源和实践机会,让学生在实际运用中感受到英语的价值。

(二)需求导向原则在大学英语教学中的实施

为了实施需求导向原则,教师在教学过程中需要更加关注学生的个体差异和学习需求。每个学生都有自己独特的学习目标和背景,因此,教师应该根据学生的需求调整教学内容和教学方法,使教学更加个性化。个性化的教学能够更好地满足学生的需求,激发其学习兴趣和动力。

需求导向原则要求教学内容与学生的职业目标和实际应用需求相契合。传统的大学英语课程注重语法和阅读,而学生的实际需求往往更加重视综合性和实用性。因此,在实施需求导向原则时,应该引入更多与学生职业目标相关的内容,如商务英语、科技英语等,同时注重培养学生的综合语言运用能力,将英语教育与学生的现实需求相结合。

实施需求导向原则需要重视教学方法的改革和创新。仅仅把英语教学的重点放在传授知识上是不够的,应该注重培养学生的语言运用能力。在教学中,教师可以采用小组合作学习、项目学习等方式,激发学生的参与和自主学习意识。运用这些新颖的教学方法,能够更好地满足学生的需求,提高他们的学习效果。

需求导向原则的实施还需要教育管理部门的支持和配合。教育管理部门应该制定相关政策,鼓励和支持高校开展以需求为导向的英语教学改革。同时,加强对教师的培训和引导,提高其教育教学能力,帮助教师更好地实施需求导向原则。

(三)需求导向原则对大学英语教学改革的指导意义

1. 确保了教学过程的有效性和实用性

在大学英语教学改革中,将学生的需求作为教学的出发点和目标,能够使教学内容和方法更贴近学生的实际需求。只有满足学生的需求,才能激发学生的学习兴趣,提高其学习积极性,促使他们在英语学习中取得更好的成绩。

2. 为英语教学提供了更加个性化的学习支持

不同学生在英语学习上的需求存在差异,有的学生可能需要提高听力能力,有的学生可能需要提高口语表达能力。因此,根据学生的需求,可以有针对性地设置教学内容和任务,设计相应的学习活动,以满足学生的个性化需求。这样的个性化学习支持不仅能够提高学生的学习效果,也能够增强他们的学习动力和自信心。

3. 倡导培养学生的自主学习能力

传统的大学英语教学往往是以教师为主导的一种教学模式,而需求导向原则则鼓励学生主动参与教学,通过提出问题、讨论、合作等方式,引导学生主动探索并解决问题。这种学生参与式的教学模式不仅能够增加学生的学习积极性,还能够培养他们的批判性思维和创新能力。

4. 强调与现实社会需求的对接

随着社会的不断发展和变化,英语在各个领域中的应用需求也日益多样化。因此,大学英语教学改革应该注重与社会需求的对接,将学生所学的英语知识与实际应用相结合,培养学生在未来社会中所需的语言能力和职业素养。只有这样,才能够使大学英语教育更贴合社会需求,培养更具有竞争力和创新能力的人才。

(四)需求导向原则的实际问题与解决策略

1. 如何准确把握学生的需求

因为每个学生的背景、兴趣爱好及学习目标都存在差异,因此教师需要通过各种途径来了解学生的需求。一种常用的方式是通过调查问卷或面对面的访谈来收集学生的意见和建议。然而,学生的反馈可能会存在一定的主观性和局限性。因此,教师还可以借助其他渠道,如与其他教师、学生家长等交流,从不同角度来获取更全面的信息。

2. 如何灵活调整教学内容和教学方法

根据学生的需求,教师需要在教学设计和教学实施过程中进行相应的调整。这需要教师具备较高的教学能力和灵活性。教师应不断反思自己的教学方式和教材选择,及时调整教学策略。同时,教师还可以通过与其他教师交流经验、参加教学培训和研讨会等方式来不断提升自己的教学水平。

3. 如何解决教学资源不足的困扰

在实施需求导向原则的过程中,一个常见的问题是教师在教学资源方面的限制。例如,教材选择可能无法满足所有学生的需求,或者教学设备不足以支持多样化的教学方法。面对这种情况时,教师可以通过开发多元化的教学资源,如利用互联网、教学软件等,来拓展学生的学习渠道。另外,高校还可以积极与教学平台和相关部门合作,争取更多的教学资源支持。

四、创新实践原则与大学英语教学改革

(一)创新实践原则的理念与价值

1. 强调学生参与实践活动

创新实践原则强调学生通过实践活动探索知识、应用知识和培养能力。这

一理念的核心在于将学生变成学习的主体,充分发挥其主动性和创造性。通过实践,学生能够更加深刻地理解英语知识的实际应用,增强英语学习的目的性和实用性,提高学习效果。

2. 着眼于跨学科融合

创新实践原则强调将多个学科和领域的知识与英语教学相结合。创新实践活动可以激发学生的兴趣,提供多种学科和领域的知识输入,培养学生的综合能力和跨学科思维能力。例如,大学英语教学可以结合文学、历史、社会科学等学科内容,让学生通过阅读英文相关资料、参与讨论和研究等方式,拓宽视野,提高综合素养。

3. 满足学生多样化的学习需求

不同学生具有不同的学习方式、兴趣爱好和学习背景,创新实践活动的引入可以提供多样化的学习路径和方式,满足学生个性化学习的要求。例如,通过组织英语角、模拟实际情境的角色扮演、举办英语演讲比赛等,可以激发学生的学习兴趣和动力,促进学生全面发展。

(二)创新实践原则在大学英语教学中的实现途径

1. 提供多样化的学习环境与资源

在传统的大学英语教学中,学生往往只是被动接受知识的灌输,缺乏实际运用与实践的机会。在新的教学模式下,教师应充分利用现代技术手段,为学生创造一个多样化、灵活性强的学习环境。例如,引入虚拟实景教学模式,通过电子课件、在线学习平台等工具,提供大量的英语学习资源和互动性强的学习活动,以激发学生的兴趣和积极性。

2. 注重项目式学习和跨学科融合

在传统的英语教学中,学生往往只进行独立的语言技能训练,缺乏对知识的综合应用和跨学科的深度思考能力的培养。而引入项目式学习,可以将学生置身于实际问题情境之中,通过解决问题的过程,培养学生的创新思维和实践能力。例如,教师可以设计一些有挑战性的课题或项目,要求学生运用多个学科的知识与技能进行解决。通过这种方式,学生能够将所学的英语知识与不同学科的知识进行有机结合,培养出与现实社会紧密联系的实践能力。

3. 借鉴以需求为导向的理念

在传统的大学英语教学中,教师往往只重视教材内容的传授,忽略了学生的个体差异和学习兴趣。在新的教学模式下,教师应该更加关注学生的实际需求,根据学生的兴趣和特点,设计有针对性的实践活动和任务。例如,教师可以开展小组合作学习活动,让学生根据自己的兴趣选择研究课题,通过团队合作完成项目,提高学生的学习动机和参与度。

(三)创新实践原则对大学英语教学改革的作用

1. 全面提升学生的综合能力

传统的大学英语教学往往以语法、词汇为主,注重对知识点的传授,忽视了培养学生的实际运用能力。而创新实践原则强调学生在实践中掌握知识,通过实际操作来提高能力。例如,在课堂教学中引入项目制学习,学生需要亲自动手解决实际问题,从而培养了创新能力和实践能力。

2. 激发学生的学习兴趣和动力

创新实践原则注重学生的参与和实践,使学生能够在学习中获得发现问题和解决问题的乐趣。通过实践活动,学生能够亲身体验到知识的应用,增强学习的积极性和主动性。

3. 培养学生的团队协作和沟通能力

在创新实践活动中,学生通常需要与他人合作来完成任务。通过合作,学生可以学会倾听他人的意见,学会相互合作,提高自己的团队协作和沟通能力。这对于大学英语教学来说尤为重要,因为英语作为一门语言,其目标不仅是掌握语法和词汇,还包括培养学生的交际能力。通过组织创新实践活动,学生能够在实践中提升自己的交际能力,从而更好地运用英语。

第三节　大学英语教学改革的具体措施

一、教学内容的改革

(一)大学英语课程体系与内容的改革需求

传统的大学英语课程过于注重对语言知识的传授,缺乏对学生实际应用能力的培养。随着社会的发展,学生在求职、跨文化交流等方面的需求越来越迫切,因此,英语课程应更加注重培养学生的实际应用能力。例如,在课程中增加实践性的内容,如模拟商务会谈、跨文化沟通训练等,可以帮助学生更好地应对实际情境。

大学英语教育应该更加重视学生的个体差异,满足不同学生的学习需求。每个学生的兴趣、能力和背景都不尽相同,传统的统一教学方式往往无法满足这种多样性。因此,在大学英语教学中,教师可以采用个性化教学方法,根据学生的需求与兴趣,提供选修课程或采用分层教学法,使每个学生都能得到更好的学习和发展机会。

在新文科背景下,大学英语教育还应紧跟时代潮流,关注最新的学科发展和研究成果。英语作为一门学科,不仅仅是语言的学习,还涉及文化、历史、社会等多个领域。因此,大学英语课程的内容应该与时俱进,结合最新的学术研究成果,扩展教学内容,使学生在学习英语的过程中也能够了解和探索更广阔的知识领域。

(二)新文科背景下的大学英语教学内容的优化

1. 注重知识的全面性和实用性

传统的大学英语教学更注重对语法、词汇的传授,缺乏对实际应用能力的培养。在新文科背景下,学生需要掌握的不仅是语法和词汇,还需要具备语言的实际运用能力。因此,在教学内容的选取上,除了传授基础知识,还应该注重培养学生的语言交际能力、思辨能力以及跨文化交流能力。

2. 关注文化的传承和交流

在全球化的背景下,跨文化交际的需求日益增长。大学英语教学应该注重引导学生了解和理解英语国家及其文化。通过这种融入教学,学生可以更好地理解语言的背景和文化内涵,从而提升语言的运用能力。例如,可以引入英语国家的文学作品、影视作品及历史文化背景,帮助学生更好地领会英语的真实应用场景。

3. 关注学生的兴趣和需求

每个学生都是独特的个体,他们在学习英语的过程中会有自己的兴趣点和学习需求。因此,教学内容应该灵活多样,能够激发学生的学习兴趣,并满足不同学生的个性化需求。可以通过课堂讨论、小组合作、项目研究等方式,使学生主动参与英语学习的过程,提高学习的积极性和主动性。

(三)教学内容改革实践与效果

1. 课程目标重塑

在大学英语教学内容改革实践中,高校教师团队可以从课程目标入手,对教学内容进行重新设计,如将传统的以语法和单词记忆为主的教学内容转变为以培养语言交际能力为核心的教学内容。通过在教学过程中注重培养学生的英语口语表达和社交交际能力,课程目标的重塑可以取得初步的效果,学生的英语表达能力能够得到明显提升,同时他们也能够在跨文化意识和国际交流能力方面取得进步。

2.引入案例教学法

高校教师团队可以选取一系列真实案例,包括国际商务、跨文化交流、科技发展等领域,并将这些案例与课程内容相结合。通过引导学生分析和解决实际问题,案例教学法可以有效提高学生的学习兴趣和实践能力。通过与案例中的具体实践相结合,学生不仅能够更好地理解和应用所学知识,还能够培养其批判思维和解决问题的能力。

3.引入多媒体技术

为了适应新文科背景下信息技术的发展与应用,高校教师团队可以在大学英语教学中引入多媒体技术。可以利用图像、音频、视频等多种媒介手段,展示语言的使用情境,激发学生的学习兴趣。同时,学生能够通过多媒体技术进行互动学习,提高对课程内容的理解和应用能力。这种引入多媒体技术的教学内容改革有效提高了学生的学习效果。

二、教学方法的改革

(一)创新教学方法:以学生为中心的教学模式

教育领域的不断发展与进步,使得教学方法也必须与时俱进。在新文科背景下的大学英语教学中,传统的以教师为中心的教学模式已经显得越来越不适应。因此,创新教学方法势在必行,其中以学生为中心的教学模式成了一种备受关注的方法。

以学生为中心的教学模式强调了学生的主体地位,将学生置于学习的核心地位,促使学生更积极地参与教学过程。这种教学模式的核心理念是理解学生的需求和意愿,同时根据学生的不同特点和能力量身定制教学内容和方法。这不仅可以提高学生的学习效果,还能增强学生的自主学习能力和创新思维能力。

在以学生为中心的教学模式中,教师的角色也发生了转变。教师不再是传统的知识传授者,而是学生的引导者和指导者。教师应该善于发现学生的潜能和优势,引导学生积极参与学习,在实践中发现问题并解决问题。教师还需要关注学生的学习动态,及时给予反馈和指导,帮助学生更好地掌握知识和技能。

为了实现以学生为中心的教学模式,教师可以运用多种教学策略和方法。例如,采用小组合作学习的方式,让学生在讨论和合作中相互启发,共同解决问题。还可以利用信息技术手段,如在线讨论平台和电子资源,为学生提供更广阔的学习资源和交流平台。此外,教师还可以通过案例研究、问题解决和实践操作等方式,激发学生的学习兴趣,培养学生的实践能力和创新能力。

(二)教学方法改革实践与效果

1. 注重培养学生的主动学习能力和参与意识

以学生为中心的教学模式将学生置于学习的核心地位,注重培养学生的主动学习能力和参与意识。在课堂上,教师不再只充当知识传授者的角色,还充当引导者和促进者的角色。教师通过激发学生的学习兴趣,培养他们自主思考和解决问题的能力。通过小组讨论、角色扮演、案例分析等活动,学生可以在多样化的学习环境中相互交流和合作,积极参与知识的构建过程。

2. 强调实践性和综合性的教学内容安排

传统的教学方法往往只注重语言知识的传授,忽视了语言运用的实际情境。在新文科背景下,学生需要更加贴近实际生活和工作的英语技能。因此,教师需要根据学生的实际需求,设计与实际情境相关的任务和活动。例如,将学生置身于模拟商务谈判、文化交流等场景中,让他们运用所学的知识与技能进行实践,提高语言运用能力和综合素养。

3. 倡导个性化和因材施教的原则

在传统教学中,教师通常采用一致性的教学方法和内容,忽视了学生的个体差异。然而,每个学生都有自己的学习风格和学习节奏。因此,在教学方法改革中,教师应关注每个学生的学习需求,并根据学生的不同特点进行差异化的教学。通过给予学生自主选择学习材料的权利,为他们提供个性化的学习任务和反馈机制等方式,激发学生的学习动力和积极性,提高学习效果。

三、教学手段的改革

(一)新文科背景下的教学手段变革需求

教学手段的变革需求来自学生对学习形式的变化需求。随着信息技术的飞速发展,学生越来越习惯于通过网络获取信息,如在线课堂、电子书籍等。因此,传统的面对面授课已经不能满足学生的学习需求,需要采用更多的在线教学手段,以便更好地满足学生的学习习惯和需求。

新文科背景下的教学手段变革来自教育理念的转变。传统的大学英语教学往往忽视了培养学生的实际运用能力。在新文科背景下,大学英语教学更注重培养学生的综合素质和能力,强调学生的实践操作和创新能力。因此,教学手段需要根据这一转变来进行相应的调整,以贴合新的教育理念和目标。

教学手段变革还受教育资源变化的影响。在新文科背景下,教育资源的数字化、信息化程度越来越高,教学手段也需要与之相适应。通过运用现代化的教学技术,如多媒体、网络资源等,可以更好地实现教学内容的呈现和知识的传递。这样不仅提高了教学效果,还节省了教育资源的使用成本。

(二)教学技术的应用与实践:在线教学与混合式教学

1. 在线教学

在线教学作为一种远程教育模式,通过互联网技术实现教学资源的共享,学生可以在不同的地点和时间进行学习。在线教学不仅解决了师资和教学资源有限的问题,还为学生提供了更加灵活的学习方式。在大学英语教学中,通过在线教学平台,教师可以上传教学材料、音频、视频等,学生可以根据自身的学习节奏进行学习和复习。在线教学的优点在于可以充分利用数字化资源,提升学习效果,并且可以实现个性化教学,更好地满足学生的学习需求。

2. 混合式教学

混合式教学是传统面授教学和在线教学的结合,通过将教室教学与互联网教学相结合,可以实现教学过程的灵活性和多样性。在大学英语教学中,混合式教学可以通过网络平台进行在线讨论和互动,同时还保留了传统教室教学的面对面交流和实际操作的特点。混合式教学的优点在于既能利用在线教学的优势,又能保持传统教学的人际交流和互动,促进学生的参与和合作。

在新文科背景下,在线教学和混合式教学作为新的教学手段,教师需要熟练掌握相关技术和教学方法,灵活运用于教学实践中,使教学技术的应用与实践更好地为大学英语教学服务。

(三)教师角色的转变与教学手段的选择

随着新文科背景下大学英语教学的改革,教师在教学过程中的角色也发生了显著的变化。在传统的教学模式中,教师更多的是知识的传授者和学生的指导者。然而,现代教学手段的改革要求教师转变角色,成为学生学习的引导者和组织者。

与传统的教学方式相比,教师在教学改革背景下需要更注重与学生的互动和合作,促进学生的积极参与和主动学习。这需要教师运用多种教学手段,包括但不限于小组讨论、角色扮演、案例分析等。通过这些手段,教师可以营造出积极的学习氛围,激发学生的学习热情。

教师要根据学生的不同特点和学习需求,选择适合的教学手段。例如,在面对一些对传统教学方式不太适应的学生时,教师可以采用在线教学的方式。在线教学可以为学生提供更加灵活的学习时段,并且可以使学生足不出户地参与学习活动。而对于另一些比较喜欢面对面互动的学生,教师可以采用混合式教学,结合传统教学和在线教学的优点,为他们提供更为全面和个性化的学习体验。

在教学手段的选择中,教师还应该关注学习效果。教师应该时刻关注学生的学习进展,及时调整教学手段,以达到最佳的教学效果。在选择教学手段时,教师还可以结合案例研究等实践,对教学手段进行验证和改进,以提高教学质量。

四、评估体系的改革

(一)评估体系的调整:以能力为导向的评估体系

在新文科背景下,传统的评估体系面临着许多挑战和问题。以往的评估重点主要放在知识掌握和应试能力上,忽视了学生在实际应用中的能力表现。因此,评估体系的改革势在必行,需要以能力为导向,更加注重提升学生的综合能力和创新能力。

以能力为导向的评估体系意味着注重培养学生的实际能力。在评估过程中,不仅要考查学生对知识的掌握程度,还要注重他们在实际情境中解决问题的能力。这种评估方式能够更好地反映学生在现实中的应用能力,能够更好地培养学生的创新思维和解决问题的能力。

以能力为导向的评估体系强调培养学生的综合素质。在评估过程中,不仅要关注学生的学术能力,还要注重他们的团队合作能力、领导能力、沟通能力等综合素质的培养。只有综合素质的培养得到重视,才能更好地满足新文科背景下对人才培养的需求。

针对评估体系的调整,需要建立科学、全面的评估方法和指标体系。评估方法应该具有灵活性和多样性,能够根据不同的学科和领域进行个性化评估。评估指标体系应该包括学术成绩、实践能力、创新能力等多个方面,以全面了解学生的综合能力水平。

案例研究可以为评估体系改革提供有益的经验。通过对一些成功的评估改革案例进行调研和分析,可以总结出一些可行的评估策略和方法。同时,还需要关注评估改革的效果,通过实证研究和数据分析,评估改革的成效,并及时调整和优化评估体系。

(二)评估体系改革的实践与效果

在评估体系的调整过程中,学校可以采取多种措施来确保改革的有效性。首先,可以制订新的评估标准,明确学生需要达到的各个能力目标。其次,在教学过程中可以引入多元化的评估手段,如学生互评、书面作业等,以真实地反映学生的能力水平。最后,学校还需要注重评估结果的反馈和指导,在评估后及时提供评语和建议,帮助学生发现不足并进行有针对性的提升。

评估体系改革具有显著的效果。首先,在教学内容的改革方面,学生的学习兴趣能够得到提高,他们会更加主动地参与到教学活动中,积极思考和表达。其次,在教学方法的改革方面,教师应该更注重引导学生进行自主学习,倡导合作学习、实践探究等方法,教学效果会明显好于传统的单向灌输式教学。再次,在教学手段的改革方面,学校可以借助现代技术手段,如在线学习平台、语音识别软件等,为学生提供更丰富多样的学习资源和教学工具。最后,评估体系的改革能使学生更加重视自身能力的培养和发展,对自己的学习成果具备清晰的认识,提高学习动力和学习效果。

第四章 新文科背景下大学英语教学改革目标与实践

第一节 大学英语词汇和语法教学改革目标与实践

一、词汇教学改革目标

(一)提升学生的词汇记忆能力

教师可以通过多种方式呈现词汇,如图片、实物、音频等,以增加学生的感知并提高记忆效果。例如,在课堂上使用图片来展示词汇的意思和用法,或者播放与词汇相关的录音,让学生通过听觉、视觉等多个渠道来理解和记忆词汇。这种多元化的教学方式不仅能够激发学生的学习兴趣,而且可以帮助学生更好地记忆词汇。

任务型教学法被应用于词汇教学中,以提升学生的词汇记忆能力。通过设置一系列与词汇相关的任务,如完形填空、短文阅读、对话对答等,让学生在完成任务的过程中不断重复和使用所学的词汇,从而巩固记忆。这种任务型的教学方法能够培养学生的自主学习和合作学习能力,使他们更加积极主动地参与到词汇教学中来。

运用技术手段也可以有效提升学生的词汇记忆能力。随着信息技术的发展,许多教育应用程序和在线学习平台为教师和学生提供了丰富的词汇学习资源。教师可以利用这些资源设计互动性强、趣味性高的词汇学习活动,如在线闯关游戏、词汇学习应用软件等,以增加学生的参与度和记忆效果。同时,学生也可以利用这些技术手段进行自主学习,根据自身的学习进度和兴趣进行词汇记忆,并通过在线平台上的练习和测试进行巩固和反馈。

(二)提高学生的词汇应用能力

在新文科背景下,大学英语的词汇教学改革目标之一是提高学生的词汇应用能力。这需要教师采用多种教学策略和方法,使学生能够更好地理解、掌握和运用所学词汇。

为了提高学生的词汇应用能力,教师可以利用多样化的语境来教授新的词汇。通过将新词汇融入真实的语境中,教师能够帮助学生更好地理解词汇的意义和用法。例如,在教授某个单词时,教师可以给学生提供多个例句,展示该词汇在不同语境下的用法。这样,学生就能够更容易地理解并运用这些词汇。

提高学生的词汇应用能力需要鼓励学生积极运用词汇。教师可以设计一系列的课堂活动,使学生能够主动地运用所学词汇进行交流和表达。例如,教师可以组织学生进行小组讨论或角色扮演,要求学生在活动中使用新词汇进行对话和讨论。这样,学生就能够在实际情境中灵活运用所学词汇,提高词汇的应用能力。

教师还可以鼓励学生通过阅读来提高词汇的应用能力。阅读是扩大词汇量和提高词汇应用能力的重要途径之一。教师可以引导学生选择适合自己水平的英文原版书籍或者相关的英语阅读材料,让学生在阅读过程中接触并运用新的词汇。同时,教师也可以提供一些阅读策略和技巧,帮助学生更好地理解和应用词汇。

(三)激发学生的词汇学习兴趣

1. 创设积极的学习氛围

在课堂上,教师可以采用多媒体等方式,生动形象地展示词汇的相关信息,引发学生的兴趣和好奇心。教师还可以安排一些富有趣味性的活动,如单词游戏、词汇拼图等,通过互动和竞赛,激发学生对词汇学习的兴趣和动力。

2.将词汇学习与学生现实生活紧密结合起来

将词汇学习与学生现实生活紧密结合起来,可以提高学生的学习兴趣和主动性。教师可以引导学生去观察和运用身边的词汇,如让学生制订一个词语收集计划或是设计一个与词汇相关的项目等。这样,学生能够将课堂学到的词汇与生活实践相结合,增强学习动力和兴趣。

3.创造良好的学习资源环境

教师可以鼓励学生使用各种各样的学习资源,如英语软件、在线词典、电子词汇卡片等。这样,学生可以通过不同的方式和渠道学习词汇,提高学习兴趣和主动性。

4.教师的激情和热爱

教师的激情和热爱也是激发学生学习兴趣的关键。教师应该热情洋溢地教授词汇知识,用生动有趣的教学方法引发学生的学习兴趣和动力。同时,教师还应该时刻关注学生的学习进展情况,给予及时的反馈和鼓励,激发学生学习词汇的积极性。

二、词汇教学改革实践

(一)创新词汇教学方法

1.项目化教学法

项目化教学法通过将词汇教学的学习内容与实际项目相结合,提供真实情境和实践机会,使学生能够在实际应用中学习和巩固词汇。比如,在课堂上组织学生以小组形式开展项目任务,让学生通过合作、研讨和实践来积极运用所学词汇,使词汇教学更贴近实际应用,以此来提高学习效果。

2. 游戏化教学法

游戏化教学法通过将词汇教学融入游戏活动中,激发学生的学习兴趣和积极性。例如,可以设计词汇卡片游戏,供学生进行配对或分类,以帮助他们记忆和巩固词汇;也可以运用电子游戏或在线平台,在虚拟世界中进行词汇学习,增加学习的趣味性和互动性。

3. 个性化教学法

个性化教学法注重学生的个体差异,根据学生的学习需求和兴趣特点,设置个性化的词汇学习内容和方式。例如,可以鼓励学生根据自己的兴趣爱好选择词汇主题,通过自主学习的方式来掌握和记忆词汇;也可以利用学生的多媒体学习习惯,使其运用视频、音频等多媒体资源进行个性化的词汇学习。

词汇教学方法的创新是大学英语课程改革中的重要一环。项目化教学法、游戏化教学法和个性化教学法等创新方法,为学生提供了更丰富、更生动、更有效的词汇学习方式。通过不断探索和应用这些新方法,有望在新文科背景下的大学英语词汇教学中实现更好的效果,提高学生的英语应用能力和语言综合素质。

(二)加强词汇教学资源的开发与利用

1. 创新的词汇教学方法

创新的词汇教学方法是加强词汇教学资源开发与利用的重要途径。传统的词汇教学方法注重词汇的记忆和背诵,这种方式对学生来说可能是单调的,缺乏有效地激发学习兴趣的因素。因此,教师需要借助现代技术手段,采用多媒体教学、网络词汇学习平台等方式,为学生提供更加丰富、多样化的词汇学习资源。通过使用生动的图片、视频、音频等多媒体材料,激发学生的学习热情,增强学生对于词汇的记忆和理解能力。

2. 重视教师的专业素养和教学能力

加强词汇教学资源的开发与利用需要重视教师的专业素养和教学能力。教师应该注重不断学习新的教学资源，掌握最新的词汇教学方法。教师还应该积极参与教材的编写和教材评审工作，以提供更加符合学生需求的词汇学习资源。多与其他教师交流合作，分享经验和资源，也是提高词汇教学质量的有效途径。

3. 充分利用现有的词汇教学资源

在当今信息化的时代，网络词汇学习平台、在线词典和语料库等资源丰富而广泛，这些资源可以极大地拓展学生的词汇学习渠道。例如，学生可以通过在线词典查找生词的释义和例句，并结合语料库进行实际运用，从而达到更好的学习效果。同时，教师也可以根据学生的需求选择适合的教学资源，提供个性化的词汇学习指导，帮助学生更好地掌握词汇知识。

（三）考核评价方式的改革

考核评价方式的改革可以促进学生对词汇的深入理解与应用。传统的词汇考核方式主要侧重于记忆与重复，往往无法真正体现学生对词汇知识的掌握程度。在新的考核评价方式中，可以引入更多的实际应用环境，如通过阅读文章、听力材料或者写作，来考查学生在真实语境中的词汇运用能力。通过这种方式，学生不仅需要掌握词汇的表层意义，还需要理解词汇的语言背景和语义关系，从而更好地将词汇应用于实际语言交际中。

考核评价方式的改革可以提高学生对语言规范和语法知识的重视程度。传统的词汇考核方式往往忽视了语法与词汇之间的联系，只注重独立的词汇记忆。在实际的语言交际中，词汇与语法是密切相关的，一定的语法知识可以帮助学生更好地理解和使用词汇。因此，新的考核评价方式可以将语法知识与词汇运用结合起来，通过对学生在阅读、写作和口语表达中语法的正确运用进行考核，来评价学生的语言综合能力。

考核评价方式的改革还需要注重个性化和综合性。传统的考核方法往往只注重学生的语言技能,忽略了对个体差异和综合素质的评价。然而,在新的考核评价方式中,个性化和综合性的考核将更加重要。例如,可以通过项目展示、小组合作等形式来考核学生在团队合作、创新思维等方面的能力,这不仅可以提高评价的准确度,还可以培养学生的综合素质。

考核评价方式的改革在新文科背景下的大学英语词汇教学中具有重要的意义。这对于培养具有良好语言表达能力和综合素质的大学英语人才具有积极的促进意义。

三、语法教学改革目标

(一)提高学生的语法理解能力

针对学生在语法理解方面的困惑和难点,可以应用一系列有效的教学方法来帮助他们。可以引导学生通过实际语境来理解语法规则和结构。通过使用真实语料和实际例句,学生可以在具体的语境中感受到语法规则的用法和意义。同时,教师还可以设计与学生实际生活和学习相关的情境,以增强学生对语法知识的理解和运用能力。

语法理解能力的提高需要注重学生对语法规则和结构的分析和归纳能力。教师可以引导学生对具体例句进行分析,发现其中隐藏的语法规则和结构,从而加深对语法知识的理解。此外,通过给学生提供一系列相似的语法句型和例句,并引导他们归纳总结规律,也能够有效提高学生的语法理解能力。

为了加强学生的语法理解能力,教师可以鼓励学生积极参加与语法相关的课堂活动和互动,提高其思维和表达能力。例如,教师可以设计一些小组讨论或角色扮演的活动,在这些活动中,学生需要运用所学的语法知识进行交流和表达。这样不仅可以提高学生的语法理解能力,还能够培养其合作意识和团队精神。

语法理解能力的提高也需要学生进行大量的练习和实践。教师可以设计一系列有针对性的语法练习题,让学生在实践中巩固和应用所学的语法知识。同时,教师还可以鼓励学生使用各种学习资源,如语法书籍、在线学习平台等,进行自主学习和练习,提高其自主学习能力。

(二)增强学生的语法应用能力

语法应用能力是指学生能够主动运用所学的语法知识,正确地运用语法规则,以表达自己的思想和意图。在传统的语法教学中,学生往往只是被动地接受语法规则的灌输和机械地重复练习,难以真正理解和应用。因此,改变传统的教学方式,注重培养学生的语法应用能力是必不可少的。

1. 加强与词汇教学的融合

词汇是语言的基础,语法是词汇的组织规则。在教学中,教师可以通过词汇和语法的结合,让学生掌握更多的词汇用法和搭配,从而提高学生在实际应用中运用语法的能力。例如,通过教授一些常用的词汇搭配,如"make a decision""take a chance"等,引导学生在语法学习中,主动运用这些词组,从而加深对语法规则的理解和应用。

2. 注重创造性的语法练习

传统的语法练习往往是机械的填空、改错等,很难激发学生的兴趣和动力。在语法教学中,教师可以设计一些创造性的练习,让学生在真实的语境中运用语法知识。例如,可以让学生进行口语或写作任务,要求他们在表达中运用特定的语法规则,这样可以更好地培养学生的语法应用能力。

3. 结合学生的实际需求与兴趣

学生学习语法并非为了学习语法本身,而是为了更好地进行交流和表达。在语法教学中,要注重学生的实际需求,通过引导学生讨论和表达自己的观点,以及学习和模仿地道的表达方式,来增强学生的语法应用能力。同时,要关注学生的兴趣点,选择和学生喜欢的主题和话题相关的语法内容,让学生更愿意去应用所学的语法知识。

4. 培养学生的自主学习能力

语法是一个复杂而庞大的体系,学习语法不能仅依赖于教师的解释和示范,更需要培养学生的自主学习能力。在语法教学中,教师应该引导学生学习好的学习方法和策略,指导学生如何通过教材、其他语法书籍及在线资源进行学习和研究。同时,要鼓励学生积极参与交流和讨论,分享彼此的学习经验和发现,从而培养学生在语法学习中的自主性和主动性。

(三)激发学生的语法学习兴趣

为了激发学生的语法学习兴趣,教师可以采用多种方法。首先,教师应该注重与学生的互动和合作。在课堂上,教师可以设计一些有趣的语法学习活动,让学生在小组中进行讨论、分享和交流。这样的互动和合作可以增加学生对语法学习的兴趣,同时促进他们的语言运用能力的提升。其次,教师可以在语法教学中引入一些生动有趣的实例和例句。通过生动有趣的例子,学生可以更加直观地理解和掌握语法知识。例如,教师可以通过引述一些有趣的对话或故事来讲明语法规则,引发学生的兴趣和好奇心,激发他们对语法学习的热情。再次,教师可以鼓励学生积极参与语法学习的过程。通过设立一些语法学习的奖励机制,如学生之间的竞赛、荣誉榜的设立等,可以激发学生对语法学习的积极性和主动性。最后,教师也可以鼓励学生多阅读相关的英语文本,通过阅读来巩固和应用所学的语法知识。阅读可以帮助学生更好地理解语法规则在实际语言环境中的应用情况,同时可以增加学生的语感,提高其语言表达能力。

(四)形成学生的语法自主学习能力

传统的语法教学往往以教师为中心,注重灌输知识,而缺乏对学生自主学习能力的培养。然而,在当今不断发展的信息时代,培养学生的自主学习能力显得尤为重要。

1. 端正学生主动参与学习的态度

形成学生的语法自主学习能力需要端正学生主动参与学习的态度。教师应该提供适合学生自主学习的资源和材料,鼓励学生通过独立思考、自主探究的方式来解决语法问题。例如,在教学中可以提供一些经典语法案例,引导学生自主分析和归纳语法规则,从而加深理解和记忆。

2. 提供合适的学习策略指导

培养学生的语法自主学习能力需要提供合适的学习策略指导。学生在学习语法时,往往面临各种困难和挑战,因此需要教师引导他们掌握一些有效的学习策略。例如,利用语法学习软件或在线资源进行自主学习,通过阅读相关文献和文章来扩展语法知识,以及利用同伴合作学习的方式互相交流和学习。

3. 注重学生的反馈和评价

注重学生的反馈和评价是形成学生的语法自主学习能力的重要环节。教师可以设立学习小组,让学生互相交流、分享学习心得和经验,互相纠正错误。同时,教师也可以定期对学生进行个别或集体的学习成果评价,让学生了解自己的学习进展,并根据评价结果来调整学习策略和优化学习效果。

4. 引导学生形成良好的学习习惯和态度

引导学生形成良好的学习习惯和态度是培养语法自主学习能力的关键。学习语法需要长期的坚持和努力,教师应该引导学生形成每天坚持学习的习惯,养成主动探索、积极思考的学习态度,使学生始终保持对语法学习的兴趣和热情。

四、语法教学改革实践

(一)语法教学方法的创新

在新文科背景下,大学英语课程的语法教学改革迫切需要突破传统的教学方式,创新教学方法。传统的语法教学过程注重规则的讲解和操练,学生往往被动地接受知识,缺乏主动性和实际运用能力。因此,在语法教学方法上进行创新成为提高学生学习兴趣和课堂效果的关键。

采用任务型教学方法,让学生通过完成真实的语言任务来掌握语法知识。教师可以设立一系列生活化、实践化的任务,如询问路线、购物对话等,让学生在解决实际问题中理解和运用语法知识。这种方法能够激发学生的学习兴趣和积极性,并培养他们的语言运用能力。

采用合作学习方法是一种有效的创新方式。合作学习强调学生之间的互动和合作,通过小组合作、对话、讨论等活动来促进语法知识的习得。学生在合作学习中可以共同解决语法问题,相互帮助和检查,不仅可以加深对语法知识的理解,还能提高表达能力和团队合作能力。

运用多媒体技术是语法教学方法创新的重要方向之一。通过利用影音、图像、动画等多媒体资源,教师可以直观形象地呈现语法知识,使学生更加深入地理解和记忆。同时,多媒体技术还可以提供丰富的语法练习和互动环节,使学生能够在真实场景中灵活应用语法知识。

语法教学方法的创新需要与现代技术相结合。例如,通过网络平台和智能手机应用程序开展激励式的智能语法学习,以促进学生进行自主学习和开展个性化课程设计。学生可以根据自身的学习进度和兴趣选择适合的学习路径和学习资源,提高学习效果和学习动力。

(二)语法教学资源的开发与利用

1. 利用现代技术手段开发语法教学资源

如今,计算机和网络技术的飞速发展,为语法教学提供了广阔的发展空间。教师可以设计多媒体教学课件,利用图片、音频、视频等多种形式直观地展示语法规则和例句。通过这种方式,学生可以更加直观地理解语法知识,并在视觉和听觉上得到丰富的刺激,从而加深记忆和理解。

2. 开发与学生实际需求相关的语法教学资源

在传统的语法教学中，普遍存在"死搬教条"的问题，很难与学生个性化的语言学习需求相匹配。因此，在新文科背景下，教师需要更加注重学生的实际需求，开发与之相关的语法教学资源。例如，针对商务英语专业的学生，可以开发商务英语语法的教学资源，以满足他们在实际工作中所需的语言技能；对于翻译专业的学生，可以开发与翻译实践相结合的语法教学资源，提高他们的语言表达能力和翻译水平。

3. 充分利用现有的语法教学资源

教材、参考书、学习网站等都是丰富的语法教学资源。教师可以针对不同的语法知识点，挑选合适的教材和参考书，帮助学生深入理解和掌握。同时，学习网站上也存在大量的语法学习资源，如语法练习题、语法知识点详解等，学生可以利用这些资源进行自主学习和巩固。

（三）考核评价方式的改革

传统的语法考核方法主要强调对学生掌握语法知识的测试和评估，往往侧重于机械记忆和填空、选择题，忽略了学生对语法知识在实际语境中的运用能力的评价。为了更好地促进学生对语法知识的掌握，需要探索新的考核评价方式。

1. 采用实际语境情景模拟的方式

通过组织学生进行角色扮演、情景对话等活动，让学生在真实的语境中运用所学的语法知识。这样的考核方式能够更准确地评估学生的语法应用能力，同时为学生提供了一个更具体、更生动的学习环境。

2. 引入项目制评价的方式

传统的语法考试往往只注重学生对语法知识点的分析和归纳能力，而忽视了对实际语言运用能力的考查。引入项目制评价,可以要求学生在一定主题范围内完成一个实际的语言项目,如写作、口语演讲等。这样的评价方式既能考查学生对语法知识点的理解和运用,又能促进学生对语言实际运用综合能力的培养。

3. 运用语料库分析的方式

语料库是大量真实语言材料的集合,通过对语料库的分析,可以了解某种语法规则在真实语境中的实际使用情况。在语法考核中,可以要求学生根据语料库提供的例句,分析和总结出该语法规则的特点和使用方式。这样的考核方式既能培养学生的语法分析能力,又能帮助学生更好地理解和运用语法知识。

第二节　大学英语听力和口语教学改革目标与实践

一、听力教学改革目标

(一)新文科背景下的听力教学目标

在新文科背景下,大学英语听力教学面临着新的挑战和机遇。传统上,听力教学的主要目标是培养学生对英语语音、语调和语音节奏的理解能力,以及对对话和短文的全面理解能力。然而,随着时代的变迁和社会的发展,大学英语听力教学的目标也需要重新定义和定位。

新文科的兴起使英语教育的目标发生了根本性的改变,传统的听力教学目标已经无法满足学生应对新文科学习和跨学科研究的需求。因此,教师需要以新文科背景下的要求为导向,重新定义听力教学目标。

新文科背景下的听力教学目标应突出语用层面的重要性。在高等教育中,学生需要具备良好的跨文化交际能力,这就要求学生不仅要能听懂英语的表层意思,还要能够理解并掌握语言背后的文化内涵和社会背景。因此,听力教学的目标应该是培养学生在跨文化交际中准确理解和运用英语的能力。学生需要学会识别并理解不同语境下的言外之意,从而能够进行有效的跨文化沟通。

新文科背景下的听力教学目标应注重培养学生的批判性思维和创新能力。在新文科背景下,学生需要具备批判性思维和创新能力,以应对复杂多变的社会环境。听力教学应该通过培养学生的分析能力、推理能力和判断能力,鼓励学生对听到的信息进行思考和评估,批判并创新地运用所学的知识。

新文科背景下的听力教学目标还应注重培养学生的自主学习能力。随着信息技术的快速发展,学生需要具备快速获取信息和自主学习的能力。听力教学应该引导学生掌握有效的听力策略和技巧,培养其自主学习能力,使学生能够在日常学习和实践中灵活运用所学的知识。

(二)培养学生跨文化交际的听力能力

为了适应新文科背景下的需求,听力教学的目标也需要重新定义。其中一个重要的目标就是培养学生跨文化交际的听力能力。现代社会的全球化趋势使跨文化交际变得日益重要,而听力作为交际的重要组成部分,也需要同步调整。

1. 帮助学生更好地理解不同文化背景下的信息和观点

在全球化的背景下,人们经常需要与来自不同文化背景的人进行交流。通过培养跨文化交际的听力能力,学生能够更好地理解不同文化中的语言表达和思维方式,从而避免因文化差异而产生的误解和冲突。

2. 提升学生的语言应变能力

在与来自不同文化背景的人交流时,学生需要灵活应对不同的语言风格和语用习惯。通过有效的听力训练,学生可以更好地适应不同文化背景下的交际环境,准确理解对方的意图,并且用恰当的语言表达自己的观点。

3. 提高学生的文化包容性

通过接触和理解不同文化背景的听力材料,学生可以拓宽自己的视野,增加对多元文化的认知和理解。这样的学习经历能够使学生尊重和包容不同的文化,从而更好地融入多元文化的社会环境。

(三)提高学生的批判性思维和创新能力

提高学生的批判性思维能力,旨在培养学生分析问题、解决问题的能力。通过口语教学中的探究式学习和互动式教学,学生将面临各种真实的生活场景,需要运用自己的思维和知识进行分析和判断。例如,在组织辩论活动时,学生需要从多个角度审视问题,提出有力的论证,并对对方观点进行批判性思考。这样的练习,不仅能够提高学生的语言表达能力,还能够培养其批判性思维和逻辑思维能力,使他们具备自主思考和解决问题的能力。

创新能力在新文科背景下的大学英语口语教学改革中具有重要意义。创新能力的培养不仅意味着学生能够在口语表达中运用多样化的语言表达方式,还意味着学生能够应用所学知识和技能,创造出全新的内容和形式。例如,在开展演讲比赛和小组讨论活动中,学生可以根据自己的兴趣和研究领域,选择与主题相关的创新内容,并通过多样的表达方式展现出自己的独特观点和想法。这样的实践不仅能够提高学生的语言表达能力,还能够激发学生的创造力和想象力,培养其创新精神和能力。

二、听力教学改革实践

(一)创新教学方法,提高听力教学效率

1. 引入问题解决式教学方法

教师可以引入问题解决式教学方法,这是一种以问题为导向的教学模式。

在这种方法中,教师会向学生提出一系列与听力相关的问题,要求学生通过听力材料来获取答案。这种方法能够激发学生的学习兴趣和思维能力,并让他们更加主动地参与到听力教学中来。自主解决问题,不仅能够提高学生的听力理解能力,还能够培养其创造性思维和解决问题的能力。

2. 采用交互式教学方法

交互式教学方法通过学生和教师之间的积极互动来提高听力教学的效果。在这种方法中,教师会利用各种教学资源,如音频和视频材料、多媒体工具等,与学生进行互动。通过这种互动,教师可以帮助学生更好地理解听力材料,解答学生的疑问,同时能够及时发现和纠正学生在听力上的问题。这种方法能够有效促进学生听力能力的提高,激发学生的学习主动性,并且增强学生的口语表达能力。

3. 引入现代技术

现代技术的引入为听力教学带来了新的机遇。运用信息技术可以为听力教学提供更多样化的教学手段。例如,可以利用网络资源来选择、制作和使用适合学生的听力材料,帮助他们更好地理解和掌握所学内容。同时,还可以利用电子教具和移动应用程序,为学生提供个性化的听力练习,并及时反馈学生的学习情况。这种综合运用现代信息技术的教学方法使听力教学更具有趣味性和实用性,能够更好地满足学生的学习需求。

(二)实施个性化教学,满足学生个体差异

个性化教学是一种针对学生个体差异、满足学生学习需求的教学方法。在大学英语听力教学中,实施个性化教学可以更好地提高学生的学习效果,并促使学生更积极主动地参与课堂活动。

个性化教学要求教师了解每位学生的英语学习背景、兴趣爱好和学习能力等方面的信息。通过这些了解,教师可以根据学生的差异制定不同的教学策略。

例如,对于那些对音乐感兴趣的学生,可以在听力教学中引入一些与音乐相关的材料,激发他们的兴趣,提高学习动力。

个性化教学注重满足学生的学习需求。不同学生在英语听力上的困难点和需求各不相同,教师应该结合每位学生的特点,有针对性地进行教学。例如,对于理解长篇听力材料有困难的学生,可以提供一些简化版本的材料供他们练习,逐步提高他们的听力水平。

个性化教学强调学生的主动参与和自主学习。教师可以提供多样化的学习资源和教学活动,鼓励学生根据自己的兴趣和学习方式选择适合自己的学习材料和学习方法。比如,教师可以组织学生进行小组讨论或角色扮演,让学生身临其境地感受语言的运用,提高口语表达能力。

个性化教学在大学英语听力教学中起到了重要作用。通过了解学生的差异,满足学生的需求,激发学生的兴趣和积极性。个性化教学能够提高学生的学习效果,并培养学生的自主学习能力,为听力教学改革提供有力支持。教师在实施个性化教学时,应注重与学生的互动和合作,为学生提供更好的学习资源和环境,激发其学习热情,促使学生更加积极地参与到听力教学中。

(三)引入现代信息技术,丰富听力教学手段

现代信息技术的快速发展和广泛应用为听力教学改革提供了新的机遇和可能性。借助现代信息技术,可以为学生创造一个更加互动、多样化的听力学习环境,并丰富听力教学的手段和资源。

引入现代信息技术可以为学生提供更加真实、丰富的听力材料。传统的听力教学往往依赖于书本中的录音或教师的讲解,信息来源相对有限。借助互联网和多媒体技术,学生可以接触到丰富多样的听力资源,如新闻广播、纪录片、电影等。这些真实的语言环境可以帮助学生更好地适应实际场景中的听力挑战,提高其听力理解能力。

引入现代信息技术可以增加学生在听力教学中的互动。传统的听力课堂以教师为中心,学生被动接受信息。通过引入现代信息技术,教师可以借助电子白

板、多媒体投影等设备将听力材料呈现给全班学生,学生可以利用手机、平板电脑等个人设备查看听力材料并进行实时的反馈与交流。这种互动性的学习环境可以激发学生的学习兴趣,提高他们的学习动力。

引入现代信息技术还可以为听力教学提供更加个性化的学习支持。智能化的听力教学软件和系统,可以根据学生的个体差异和学习需求,提供有针对性的教学辅助和反馈。例如,系统可以根据学生的听力水平和掌握程度,智能调整听力材料的难度和速度,让每个学生都能够在适合自己的学习范围内进行有效的听力训练。这种个性化的教学手段可以更好地满足学生的学习需求,提高其听力表现。

三、口语教学改革目标

(一)培养学生的跨文化交际口语能力

随着全球化的加速发展,跨文化交际变得日益重要,人们需要在多样化的国际交流环境中流利地进行口语表达。因此,为了使学生能够胜任这些要求,口语教学改革旨在培养其跨文化交际能力。

1. 具备扎实的语言基础

学生需要熟练掌握基本的词汇、语法和句型,以便能够流利地表达自己的思想和观点。通过课堂教学和练习,学生可以不断巩固和提高自己的语言水平,从而为跨文化交际打下坚实的基础。

2. 具备深入理解不同文化背景的能力

在全球化背景下,不同的文化背景和价值观念相互碰撞,需要学生具备尊重和包容不同文化差异的能力。口语教学改革将注重培养学生对不同文化的敏感性,通过学习不同文化的语言和风俗习惯,学生能够更好地理解对方的观点和表达方式,从而实现跨文化交际的目标。

3. 具备灵活运用语言的能力

在跨文化交际中,学生可能面对各种复杂情境和语言难题,需要能够有效地运用语言与他人进行交流。口语教学改革将注重训练学生的口语应变能力,通过模拟真实的对话情景和角色扮演,学生能够提高自己的语言实践能力,从而能够轻松应对各种跨文化交际场景。

4. 具备批判性思维和创新能力

在跨文化交际中,学生需要能够独立思考,分析和评估不同观点和文化之间的关系。口语教学改革旨在激发学生的批判思维,培养其创新思维能力,让学生能够以开放的心态去理解和解决各种跨文化交际中的问题。

(二)提高学生的语言实践能力

语言实践能力是指学生在实际语言运用中能够有效地交流和表达自己的想法,同时具备良好的语言技巧和沟通能力。为了实现这一目标,口语教学需要注重培养学生的实际应用能力,让学生在真实场景中进行语言交流。

为了提高学生的语言实践能力,教师应该设计一系列真实场景的交流活动。这些活动可以包括模拟面试、角色扮演、小组讨论等,让学生在真实的情境中进行口语表达。通过模拟真实场景,学生可以更好地理解实际交际环境下的语言运用,从而积累实践经验。

教师可以引导学生参与语言实践活动。例如,组织学生参加英语演讲比赛、主持学术研讨会或参与社区服务等,让学生亲身体验英语的实际运用场景。通过这些实践活动,学生不仅可以掌握语言知识,还能学会在实际生活中运用语言,提高语言表达的自信和准确性。

教师可以借助多媒体技术和网络资源,为学生提供丰富的语言实践材料。通过观看真实的英语演讲、听取地道的英语对话、参与在线语言交流等,学生可以拓展语言实践的范围,进一步提升自己的语言技能。同时,教师还可以组织学生参与语言实践的小组项目,让他们合作完成口语演讲、口头报告等任务,培养学生的团队合作和组织能力。

(三)培养学生的批判性思维能力、创新能力和团队合作能力

1. 培养学生的批判性思维能力

传统的口语教学往往只注重学生对语言知识的掌握和运用,忽视了对学生思维的引导和培养。在新文科背景下,要求学生不仅仅应对语言进行表达,还要能够分析和评价不同观点,并能提出自己的批判性思考。因此,口语教学应该引导学生分析问题,辨别事实与观点之间的差异,培养他们的批判性思维能力。

2. 培养学生的创新能力

在现实生活中,口语交际往往需要学生具备一定的创新能力,能够灵活运用语言来解决问题。传统的口语教学强调语言的准确性和规范性,但往往忽略了培养学生对语言的创新运用能力。在新文科背景下,教师应该倡导学生在口语交流中敢于创新,勇于尝试新的表达方式,以提高他们的语言实践能力和灵活运用能力。

3. 培养学生的团队合作能力

在新文科背景下,对于英语口语教学的要求不只是能够单独进行语言表达,更看重学生在团队协作中的表现。因此,教师应该通过开展小组讨论、角色扮演等活动,加强对学生团队协作能力的培养。

四、口语教学改革实践

(一)改革口语教学方法,提升教学效果

传统的口语教学往往只注重学生的语法知识和词汇量,忽视了实际口语运

用能力。为了更好地培养和提升学生的口语表达能力,需要采用更加灵活、实用的教学方法。

1. 创造真实的语言环境

通过模拟真实的生活场景,如购物、旅行、面试等,学生可以更好地运用语言进行交际。教师可以扮演各种角色来与学生进行对话,让学生在实践中学习口语表达。这种方法不仅能够激发学生的学习兴趣,提高教学效果,还能让学生更直观地感受到语言的实际运用。

2. 积极引入情境教学法

通过给学生提供具体的情境和任务,让学生在具体场景中表达自己的意见和观点。例如,安排学生就某一具体话题进行小组讨论或辩论,这样可以让学生在真实的互动中提升口语表达能力。此外,通过观看视频、听音频等,让学生从真实语境中学习口语表达,培养其听说协调能力。

3. 运用有效的反馈机制

教师应当经常给予学生及时的反馈和建议,帮助学生发现自己的语言问题并加以改正。同时,鼓励学生之间进行互动交流,相互分享经验和技巧,从而激发学生的学习积极性和主动性。

4. 结合现代技术手段

借助计算机、互联网和移动设备等现代信息技术,为口语教学提供更多的资源和工具,如在线语音识别、语音评测、在线讨论平台等。这些技术手段可以丰富口语教学的形式,为学生提供个性化的学习体验,帮助学生更好地进行口语练习和反馈。

(二)实施个性化教学,满足学生的个体差异

传统的口语教学通常是采用统一的教学方法和教材,忽视了学生个体差异的存在。然而,在新文科背景下,学生的个体差异不可忽视,因此在口语教学改革中,教师应该注重实施个性化教学,以满足不同学生的学习需求和能力水平。

个性化教学需要根据学生的口语水平和学习目标来设计教学内容和教学方式。对于口语水平较低的学生,可以采用更加基础和具体的教学内容,帮助他们提高基本的口语表达能力;而对于那些口语水平较高的学生,可以提供更加有挑战性和实践性的教学内容,帮助他们进一步提高口语表达能力。

个性化教学应该充分考虑学生的学习特点和兴趣爱好。不同的学生有不同的学习方式和学科偏好,在教学过程中,教师可以根据学生的兴趣爱好来选择教学材料和教学活动,激发学生学习口语的积极性和主动性。例如,对于热衷于音乐的学生,可以设置口语表演的任务,让他们以音乐形式展示口语技能;对于喜欢单独思考的学生,可以设计个人口语练习的环节,让他们在独立的环境中进行口语表达。

个性化教学还需要充分利用现代信息技术的优势,提供多样化的教学资源和支持。现代信息技术的发展为个性化教学提供了强有力的支持,通过互联网和电子设备,学生可以自由选择适合自己的学习资源,随时随地进行口语学习。教师也可以通过在线学习平台或视频会议等方式,与学生进行互动,对学生进行指导,实现远程个性化教学。

(三)引入现代信息技术,丰富口语教学形式

在当今数字化时代,信息技术的高速发展为教育领域带来了新的机遇和挑战。在口语教学改革实践中,引入现代信息技术可以有效丰富口语教学形式,提升学生的口语表达能力和交流能力。

引入现代信息技术为教学提供了更加多样化的方式和工具。以往的口语教学主要依赖于传统的教室环境,课堂教学以教师为中心,学生的参与度和积极性受限。现代信息技术的引入,使口语教学可以在虚拟空间中展开,通过网络平台和在线交流工具,学生可以随时随地进行口语练习和互动交流。这种形式的教

学不受时间和空间限制,可以让学生更加自主地参与口语活动,增加口语表达的机会和频率。

现代信息技术的使用为口语教学提供了更加生动的教学资源。通过广泛挖掘网络资源和多媒体素材,教师可以为学生提供丰富多样的口语材料,包括真实的语言环境、地道的口语对话、优秀的演讲等。这些资源不仅能够提高学生的学习兴趣和动力,还能够帮助学生更好地理解和掌握口语表达的规范和技巧。通过使用视频、录音等技术手段,学生可以反复听自己的口语表达,及时发现和改正问题,提高口语表达的准确性和流利度。

引入现代信息技术还可以促进口语教学与跨文化交际的融合。随着全球化的发展,跨文化交际能力在当今社会中越来越重要。通过网络平台和在线交流工具,学生可以与来自不同国家和地区的学生进行跨文化交流。他们可以用英语进行互动,分享彼此的文化和观点,增进对世界其他地区的了解和理解。这样的交流不仅能够提升学生的口语表达能力,还能够培养他们的跨文化意识和沟通技巧,使他们更好地适应全球化的需求。

第三节 大学英语阅读和写作教学改革目标与实践

一、阅读教学改革目标

(一)新文科背景下的阅读教学目标定位

新文科时代的到来,给大学英语教育带来了新的挑战和机遇。作为一门重要的语言技能,阅读在大学英语教学中具有重要地位。教师需要重新思考和定位阅读教学的目标,以适应新时代的需求。

1.突出培养学生的综合能力

传统的阅读教学往往注重学生对英文文本的理解和分析能力。在新文科背景下,学生还需要具备批判性思维、跨文化交流、创新与创造等综合能力。因此,阅读教学应该注重培养学生的批判思维能力,使学生能够理性分析和评价文本内容,同时培养学生的跨文化沟通能力,使学生能够理解和欣赏不同文化背景下的文本。

2. 注重学生的自主学习能力

传统的阅读教学往往以教师为中心,学生被动接受知识。在新文科背景下,学生应该成为学习的主体,具备自主学习的能力。因此,阅读教学应该引导学生积极主动地参与学习,培养其自主学习能力。通过给予学生更多的自主选择、探究和创新的机会,激发学生的学习兴趣和学习动力。

3. 注重学生的实践能力

阅读不只是被动地理解和分析文本,更重要的是能够将阅读与实际生活、实际工作相结合。在新文科背景下,学生需要具备应用阅读能力解决现实问题的能力。因此,阅读教学应该注重培养学生的实践能力,将阅读与现实生活、职业发展相结合,使学生能够灵活运用阅读技巧和策略,解决实际问题。

(二)阅读教学目标的改革需求

在新文科背景下,大学英语阅读教学面临着日益复杂和多样化的挑战,这就迫使高校对阅读教学目标进行全面的改革。随着信息时代的到来,学生所接触的英文阅读材料种类繁多,不再局限于传统的教材及课堂提供的文本。许多文科专业要求学生应具备对英文文献、学术论文等资料的阅读能力,并要求学生能够进行批判性阅读和分析。因此,在新文科背景下,阅读教学目标的改革需求变得尤为迫切。

1. 重新定位阅读教学的目标

过去,阅读教学主要注重学生对课本材料的理解和掌握。然而,在新文科背景下,教师需要培养学生的跨文化阅读能力和批判性思维能力,帮助学生理解和分析不同文化背景下的文本,并从中获取更深层次的意义。

2. 关注学生的阅读策略和技巧

在传统的阅读教学中,学生往往缺乏有效的阅读策略,导致阅读效果不佳。因此,教师需要引导学生学习和运用一系列阅读策略,如预测、推测、概括和归纳等,以提高其阅读效率和准确性。

3. 了解和运用阅读技巧

教师需要让学生了解和应用阅读技巧,包括扫描、速读、细读和精读等。对于不同形式的阅读材料,学生应该有所准备,掌握相应的技巧,以更好地理解和处理文本。

4. 借助现代技术手段

阅读教学目标的改革需要借助现代技术手段。如今,学生可以通过互联网、电子书籍和在线资源来获取阅读材料。教师应该培养学生的信息检索和处理能力,让他们学会在海量信息中找到目标资料,并进行合理的筛选和整理。

(三)阅读教学改革目标的实施策略

1. 建立全面的阅读教育模式

在新文科背景下,大学英语阅读教学的目标不只是培养学生的语言技能,更重要的是培养其深度阅读能力和批判性思维能力。因此,教师应该建立一个全面的阅读教育模式,将语言学习与思维培养相结合,为学生提供更多的阅读材料和阅读指导。

2. 注重个性化学习

由于每个学生在阅读能力上存在差异,因此教师应该注重个性化学习,根据学生的不同能力水平和学习风格,提供相应的阅读材料和教学方法。教师可以采用分层教学的方式,根据学生的具体情况设置不同的教学目标和课程内容,使每个学生都能在适合自己的阅读水平上取得进步。

3.积极引导学生进行主动学习

阅读教学改革目标的实施,需要引导学生从被动的接受者转变为主动的学习者。教师可以采用一系列的教学方法来激发学生的学习兴趣和阅读动力,如开展小组讨论、辩论和写作活动,让学生通过与他人交流和互动来提升阅读能力和批判思维能力。

4.注重评估和反馈

阅读教学改革的实施过程中,应该注重对学生学习效果的评估和反馈。通过有效的评估手段,教师能够了解学生的阅读水平和学习进展,及时发现问题并调整教学策略。同时,注重给予学生积极的反馈,及时鼓励和肯定学生的努力和进步,能够激发学生的学习积极性和主动性。

二、阅读教学改革实践

(一)阅读教学改革实践的理论依据

在新文科背景下,阅读教学改革的目标是增强学生的阅读能力,培养其批判性思维和文化意识。为了达到这一目标,需要用理论来指导阅读教学的改革实践。

1.基于认知心理学的理论

根据认知心理学的研究,阅读不只是对文字的理解和记忆,更是一种主动的思维活动。通过理解文字背后的意义和结构,学生可以学会主动思考、提问和分析。因此,在阅读教学改革中,可以采用认知心理学的原理,培养学生的思维技能,如提醒学生有意识地与文本进行互动,运用预测、推理和总结等策略。这些策略有助于学生深入理解文本,并培养其批判性思维能力。

2. 基于社会文化理论的观点

社会文化理论认为,阅读是一种社会文化活动,受文化背景和社会环境的影响。在阅读教学改革实践中,应该重视学生的文化意识和多元文化理解能力的培养。教师可以通过引入不同种类的文本,包括文学作品、报纸杂志、互联网资源等,让学生接触不同文化背景下的观点和价值观。同时,教师也可以引导学生进行文本分析和批评,让学生在阅读中思考文化差异,并增进对多元文化的理解。

3. 基于语言学习理论的研究

阅读教学改革需要关注学生语言能力的提升。语言学习理论强调语言的输入和输出,并鼓励学生通过实际运用语言来加深理解和巩固知识。在阅读教学中,教师可以通过学生之间的合作和讨论,或者进行口头报告和写作任务,来促进学生运用所学知识,并提高他们的语言表达能力。

(二)阅读教学改革实践的方法选择

1. 借助现代技术手段的辅助教学

利用计算机辅助教学软件,可以为学生提供丰富的阅读材料和互动学习环境。通过这种方式,学生可以根据自己的学习需求进行个性化学习,提高阅读效果。同时,利用信息技术和网络资源,可以扩展学生的阅读范围,引入更多真实、生动的语言材料,使学生对不同领域的文本有更全面的了解。

2. 启发式教学方法

传统的教学方法往往是以教师为中心,注重知识的传授和记忆。启发式教学强调学生的主动参与和自主意识的培养。在阅读教学中,可以引导学生运用自身的背景知识、推理能力和创造性思维,通过问题解决、讨论和分析等方式,培养学生的阅读理解能力和批判思维能力。这种方法可以激发学生的学习兴趣和学习动力,提高其学习效果。

3. 合作学习方法

通过小组合作学习,学生可以相互交流,合作解决问题。在阅读教学中,可以安排学生进行小组讨论、小组互助等活动,在合作与交流的过程中,学生能够分享彼此的阅读体验和理解,相互促进和补充,从而提高阅读的深度和广度。在小组合作学习中,学生还可以相互批改和编辑对方的写作作品,从而提高写作的能力和水平。

4. 对阅读教学实践进行有效的评估

教师需要根据学生的学习情况进行评估,以便及时发现问题并采取相应的教学策略。评估的形式可以多样化,如阅读测试、学习反馈、作业评价等,多角度多方式进行评估,以确保教学效果的有效性和可持续性。

(三)阅读教学改革实践的效果评估

在新文科背景下,大学英语的阅读教学改革旨在提高学生的阅读理解能力。为了评估这一改革的效果,需要采用科学且可靠的评估方法。

基于学生学业成绩的评估是一种常见的评估方法。通过分析学生的阅读成绩、考试成绩、作业成绩等,可以对阅读教学改革的效果进行初步评估。例如,可以比较改革前后学生在阅读理解题目上的得分情况,通过统计分析来判断改革是否带来了显著的提升;还可以通过与其他班级或学校进行对比,来评估改革在整体水平上的效果。

基于学生自我反思的评估是一种辅助的评估方法。教师可以要求学生在阅读教学改革后对自己的阅读能力进行反思。通过学生的自述、笔记、日志等,教师可以了解到他们在阅读过程中遇到的困难、改进的方法以及对自己的成长有何感受。这种评估方法可以帮助教师了解学生对阅读教学改革的实际体验和感受,从而更全面地评估改革的效果。

在进行效果评估时,教师还需要考虑几个因素。首先,评估应该具有可重复性和可比性,即可以重复使用评估工具,且结果可以与其他评估结果进行比较。其次,评估应该注重定量数据和定性数据的结合,既要关注学生的得分情况,又要关注学生的反思和体验。最后,评估结果应该能够为改革的持续优化提供有价值的信息,为进一步的教学改进提供指导。

阅读教学改革的效果评估是一个重要且复杂的过程。通过采用科学的评估方法,可以客观地评估改革的效果,为教学改进提供有力的支持。未来的研究可以进一步探索更多的评估方法,以提高评估的准确性和有效性,促进阅读教学改革的不断发展和创新。

三、写作教学改革目标

(一)新文科背景下的写作教学目标定位

随着时代的发展和社会需求的变化,传统的写作教学模式已经无法满足新的要求。因此,需要明确写作教学的目标,以适应新文科时代的要求。

1. 注重培养学生的思辨能力

传统的写作教学注重学生对文章结构和语法等方面的掌握,忽视了对学生思辨能力的培养。然而,在新文科背景下,学生需要具备批判性思维和逻辑推理能力,才能更好地应对复杂多变的社会问题和挑战。因此,写作教学目标应该包括培养学生的批判性思维能力,使学生能够分析和评估各种观点,形成自己的独立见解。

2. 注重培养学生的跨学科能力

在新文科背景下,学科之间的交叉融合成为一个普遍趋势。写作教学目标不能局限于英语写作能力的培养,还应该培养学生在跨学科领域中进行写作和表达的能力。这意味着学生需要能够将各学科的知识和理论结合起来,形成创新性的思考和表达。

3. 注重培养学生的社会责任感

在新文科背景下,高等教育的使命不仅是培养学生的专业能力,还强调培养学生的社会责任感和公民意识。写作教学目标定位中应该包括培养学生的社会责任感,使学生能够在写作中表达对社会问题的关注和思考。这不仅可以增强学生的社会参与意识,还能培养其领导能力和团队合作精神。

(二)写作教学目标的改革需求

1. 注重提升学生的文学素养

在传统的写作教学中,教师往往只关注学生的语法和结构问题,忽视了对学生文学素养的培养。写作不仅是传递信息,还是展示个人的思想和情感,与读者进行有效交流的途径。新文科背景下的写作教学目标需要更加注重培养学生的文学素养,使其在写作中能够运用恰当的修辞手法、形象生动的描写及富有感染力的语言风格。

2. 重视培养学生的批判性思维和创造性思维

随着信息时代的到来,学生对于社会、政治、文化等方面的思考和理解能力要求越来越高。因此,写作教学目标的改革需求在于引导学生发展批判性思维和创造性思维,使学生能够在写作中提出深入的观点,进行独立的分析和判断,同时能够以创新的方式表达自己的见解。这不仅对学生个人的思辨能力培养有益,还对社会的进步和发展具有积极作用。

3. 关注培养学生的跨文化意识

在全球化的背景下,跨文化交流和理解的重要性日益凸显。写作教学目标的改革需求在于培养学生的跨文化意识,使学生能够理解不同文化背景下的观点和价值观,适应跨文化环境下的写作要求,提高在国际交流中的语言表达能力。这需要注重培养学生的跨文化沟通能力和文化包容性,促进他们在写作中运用多元化的思维和观点,增强自己的跨文化交际能力。

(三)写作教学改革目标的实施策略

1. 建立针对学生的个性化写作教学目标

每个学生的写作能力和需求都不尽相同,因此教师需要根据学生的水平和兴趣制定具体的写作目标。这样一来,学生才能够根据自己的实际情况来制订学习计划和提升自我意识。

2. 注重写作技巧的培养

写作是一门技巧性很强的学科。为了提升学生的写作能力,教师可以通过技巧性练习来培养学生的写作技巧。例如,通过模仿优秀范文来学习写作结构和论证逻辑,或者通过写作训练来提高学生的表达能力和语言功底。这些技巧性练习可以帮助学生理解写作的要点,并逐渐提升其写作能力。

3. 注重提供学习资源和学习环境

学生需要有充足的学习资源和良好的学习环境来支持他们的写作学习。教师可以提供丰富的写作素材,如名人演讲、学术论文、报告等,以激发学生的写作灵感和创造力。同时,教师还可以组织写作坊、讨论组等,为学生提供交流和合作的机会,培养其写作能力和团队合作精神。

4. 多元评估

写作教学改革目标的实施策略还需要多元评估。仅仅关注学生的作品质量不能全面评价他们的写作能力。因此教师应该采用多元评估方法,包括写作任务的实际完成情况、作品的创新性和思想深度、学生的写作过程记录等。通过多元评估,可以更全面地了解学生的写作能力和发展情况,为他们提供更有针对性的反馈和指导。

实施策略在写作教学改革中具有重要作用。教师在实施中需要灵活运用这些策略,使学生能够享受到富有成就感的写作学习过程,并掌握优秀的写作技巧。

(四)写作教学改革目标的评估方法

在新文科背景下,写作教学改革的目标不只是培养学生的写作能力,更重要的是培养学生的综合语言运用能力,以适应未来的社会需求。为了评估写作教学改革目标的实施效果,需要设计合适的评估方法。

1. 作品评估的方法

通过学生的写作作品,教师可以评估学生在语言表达、逻辑思维和文化意识等方面的发展情况。这种方法可以全面了解学生的写作能力,并且可以针对不同层次的学生制定评估标准,以充分发挥每个学生的潜力。

2. 写作过程评估的方法

写作过程评估强调对学生在写作过程中的实际表现进行评估。教师可以观察学生在写作过程中的思维策略、编辑和修订的能力,以及学生对写作任务的理解和问题解决能力。这种方法可以帮助学生发现自己的写作问题,并及时进行改进。

3. 同行评估的方法

同行评估是指学生之间互相评估和反馈。学生可以根据共同的评估标准,对彼此的写作作品进行评价和建议。这种方法可以促进学生之间的合作和互动,提高其写作水平。

4.口头表达评估的方法

除了书面作品,口头表达也是写作教学中重要的组成部分。通过课堂演讲、小组讨论等活动,教师可以评估学生的口头表达能力,包括语言流利度、逻辑思维能力和表达能力等方面。这种方法可以全面地评估学生的语言运用能力,帮助他们提高口头表达能力。

四、写作教学改革实践

(一)写作教学改革实践的理论依据

为了推动大学英语写作教学的改革,建立合理的理论依据是非常重要的。写作教学改革的理论依据主要包括认知写作理论、社会交互理论和创造性写作理论等。

1.认知写作理论

认知写作理论提供了关于写作过程和写作发展的重要理论基础。认知写作理论认为,写作是一个复杂的过程,包括写作目标设定、构思、组织和修订等多个阶段。学生需要通过经验积累和反思来提高写作能力。在写作教学中,教师可以通过引导学生关注写作目标、提供构思和组织策略以及提供实践和反馈等方式,促进学生认知写作能力的发展。

2.社会交互理论

社会交互理论强调了学生与他人的交流和互动对写作能力的促进作用。根据社会交互理论,写作是一种社会活动,学生需要与他人进行交流和合作,以发展自己的写作能力。在写作教学中,可以通过小组合作、写作对话和写作分享等方式,促进学生之间的交流和互动,激发他们的写作潜力。

3. 创造性写作理论

创造性写作理论认为,写作是一种创造性的过程,学生需要具备创意思维和创造性表达的能力。在写作教学中,可以通过开展创造性写作活动、提供创意写作的策略和技巧等方式,培养学生的创作能力和创造性思维。

(二)写作教学改革实践的方法选择

为了提高学生的写作水平和表达能力,可以采用多种方法和策略。下面介绍四种常见的写作教学改革实践的方法。

1. 基于模仿的教学方法

基于模仿的教学方法通过引导学生模仿优秀的英语写作作品来提高其写作能力。在教学过程中,教师可以选取一些优秀的英语作文作为范文来分析其特点和结构,并指导学生按照相似的结构和写作风格进行写作练习。通过模仿,学生可以逐渐掌握正确的写作方式和技巧。

2. 任务型写作教学方法

任务型写作教学方法通过给学生设计具有实际意义的写作任务,激发学生的写作兴趣和积极性。例如,布置一些写作任务,如写一篇旅游日记、书评或问题解决方案等,让学生在实际情境中进行写作训练。通过完成这些任务,学生可以提高写作能力,并在实践中掌握不同类型的写作技巧和策略。

3. 语篇分析法

对不同类型的英语语篇进行分析,学生可以了解英语文章的结构、组织和文体特点。教师可以选择一些具有代表性的英文材料,如新闻报道、短文或学术论文等,让学生分析其中的段落组织、句子结构和词汇运用等要素。通过语篇分析,可以培养学生对英文写作的整体把握能力,并加强学生对不同类型写作的理解和掌握。

4. 写作反馈与修订

在教学过程中,教师应该积极给予学生写作反馈和指导,并鼓励学生进行修订和改进。教师可以通过批改作业、口头评价或写作讨论等形式,及时指出学生写作中存在的问题和改进的方向。同时,教师可以鼓励学生相互之间进行写作反馈,促进他们在写作中的互助学习和成长。

在实际教学中教师可以根据学生的特点和需求进行合理选择。通过科学、有效的方法,教师可以更好地提高学生的写作能力和创造力,推动写作教育的发展和改革。

(三)写作教学改革实践的效果评估

1. 学生写作水平的提升

通过对学生的写作作品进行分析和评价,可以直观地了解学生在写作方面的进步。教师可以从语言表达的准确性、逻辑思维的连贯性及文字组织的合理性等方面进行评估,也要考虑学生在应用语言和写作技巧方面的能力是否得到提高。

2. 学生写作能力的整体发展

除了单篇作品的评估,教师还应关注学生在长期的写作过程中能力的发展。通过追踪学生的写作历程,分析他们在写作过程中所采用的策略和技巧,教师可以评估学生在逻辑思维、创造性思维、批判性思维等方面的进步情况。还要考虑学生对不同写作任务的适应能力及解决问题的能力。

3. 学生对写作教学改革的感知和反馈

通过问卷调查、面对面的访谈等方式,教师可以了解学生对写作教学改革的认知程度、对改革的态度及对写作课堂的体验感受。学生对于改革带来的益处、困难和挑战的反馈将为进一步完善和优化写作教学提供重要参考。

4. 采用定量和定性相结合的方法

在评估过程中,教师可以采用定量和定性相结合的方法,以保证评估结果的客观性和全面性。通过收集和统计大量的实证数据,并结合学生的实际表现和反馈,进行综合分析和评价。评估结果将为教师进一步指导和改进写作教学提供重要的参考和决策依据。

参考文献

[1]郭玲,左姝斐.新文科背景下高校英语教学理论与实践探究[M].哈尔滨:北方文艺出版社,2022.

[2]刘影,关涛,刘明宇.新文科背景下的外语教学与研究2023[M].北京:首都经济贸易大学出版社,2023.

[3]朱之红.新文科背景下的科技英语翻译研究[M].北京:中国纺织出版社有限公司,2022.

[4]刘季陶,雷丹.基于教学改革的大学英语国际化发展教学实践[M].北京:北京工业大学出版社,2020.

[5]谢建奎.科技英语教程 新文科背景下科技意识语言和翻译[M].长春:吉林大学出版社,2022.

[6]黄秋文.新文科专业英语[M].长沙:中南大学出版社,2021.

[7]杨照.基于教学改革的大学英语教学实践[M].长春:吉林出版集团股份有限公司,2019.

[8]包虹明,廖丹璐.基于教学改革的大学英语教学实践[M].北京:北京工业大学出版社,2019.

[9]金国臣,许元娜,惠莉君.现代大学英语教学新论[M].北京:石油工业出版社,2022.

[10]王继红,邹玉梅,李桂莲.基于翻转课堂理论的英语教学改革与实践[M].北京:中国原子能出版社,2019.

[11]王怡.高校英语教学改革与复合型英语人才培养研究[M].北京:北京工业大学出版社,2023.

[12]徐雪元.大学英语教学改革实践[M].长春:吉林出版集团股份有限公司,2021.

[13]胡瑾.高校英语教师跨学科素养研究[M].武汉:武汉大学出版

社,2023.

[14]吕爱娟.高校英语教学改革与实践[M].昆明:云南人民出版社,2019.

[15]李志坤,龚明星.英语教学与思维培养研究[M].武汉:华中师范大学出版社,2022.